99보다 1

부동산 투자의 허들을 넘자

99보다 1

김형민 지음

열아홉

이 책의 모든 내용은 진실임을 밝힙니다.

나는 10년간 홍대 클럽을 평정했던

클럽 코쿤의 건물주다.

승자는 패자가 하지 않는 그 무엇을 기꺼이 한다
The winners are simply willing to do what losers won't

- 영화 '밀리언달러 베이비' 중에서

| 머리말 |

"99보다는 1이 되자."

회계사를 합격하고 일하던 회계법인에서 퇴사 후 종로에 작은 개인 회계사무소를 오픈했을 때 내가 다짐했던 말이다.

가진 것도 없고 특별하지도 못한 내가 세상의 허허벌판에 홀로서기를 하기 위해서 꼭 필요한 문구였다.

99명의 평범한 회계사가 될 바에는 또라이라는 말을 듣더라도 남들과 다른 길을 가자는 의미였다.

그래야 개업 시장에서 살아남을 것 같았다.

세상 사람들이 의심 없이 따라가는 방향을 거부하고 나의 길을 가겠다는 뜻이고, 타인이 재단하는 예측 가능한 삶에 순응하지 못하겠다는 것이다.

개업회계사로서 성공한 이후, 수익용 부동산 시장에 뛰어들어 부동산 투자를 할 때도, 항상 내 마음속에 담아 둔 말이 "99명과는 다른 길을 가는 한 명이 되자"는 것이었다.

무엇 때문에 내 삶에 주인의식을 갖지 못한 채 뻔한 길을 가면서 살아야 하나? 성공하기 위해서는 남과 다른 길을 가야만 한다.

조직 생활에서 받는 월급만큼만 일하는 평범한 직장인이 된다면, 언제든 대체 가능한 사람으로 인식되어 최고의 위치까지 오를 수 없을 것이다.

내가 가진 자산을 성장시켜 부를 이루고 싶은가? 99명이 투자하는 방법을 따라서는 평균 이상의 수익을 만들 수 없다.

내가 무일푼에서 시작해 현재의 부를 이루고, 앞으로도 목표를 가지고 전진해 나갈 수 있는 힘은 언제나 99가 아닌 1을 선택했기 때문이었다.

나는 아웃사이더Outsider라는 말을 좋아한다.

99의 대중이 따라가는 쉽고 알려진 길을 따르지 않고, 힘들더라도 타인이 무리 지어 따라가는 방법이나 방향에 물음표를 던지는 삶, 당연하게 받아들여 온 기존의 질서를 의심해보는 삶 속에서 남과 다른 나만의 1을 찾을 수 있다.

그래야 성공할 수 있고, 성공해야 타인을 배려하고 주변 사람들에게 베풀 수 있다.

이 책에서 나는 나만의 사업과 투자 원칙으로 99보다는 1을 선택해 부를 이루어낸 과정을 기술했다.

남들과 다른 길을 간다는 것이 쉽지는 않다. 특히 나는 따뜻하고 편안한 가족 구성원은 아니었을 것이다.

나는 나부터 세상에 살아남아야 내 가족과 주변 사람들을 챙길 수 있다고 믿었다.

내가 무너지면 내가 생계를 책임져야 하는 가족이 길바닥에 나앉을 것 같았고, 부모님이 집세를 못 내 월세방에서 쫓겨났던 나의 가난했던 옛 시절로 돌아갈 것만 같았다.

그래서 가족보다는 일을 택했고, 돈을 번다는 핑계로 일을 만들었다. 어느 순간 사업과 돈이 가족보다는 우선이 되었다. 가족은 옆에 당연히 있는 존재라 생각했다. 그만큼 가족에 대한 배려가 없었고, 대화는 어느 순간 단절됐다.

아내가 예전에 나에게 한 말이 생각난다.

"너는 돈만 많이 벌어오면 되니?"

그때 나는 생각했다.

"내가 할 수 있는 게 이것밖에 없는데, 나한테 뭘 더 요구하는 거야?"

살아남기 위해 치열하게 앞만 보고 달렸다. 가족과의 시간은 나중에도 내면 된다고 생각했다. 하지만 시간은 기다려주지 않았다. 내가 준비가 되어 손을 내밀었을 때, 아이들은 이미 훌쩍 커 있었고 자기만의 세계가 있었다.

아이들에게는 부모가 우주다.

그런 아이가 가장 예쁠 때, 부모 손을 잡고 걸어가야 할 때, 부모가 옆에 있어 줘야 할 때를 놓친 것이 가장 아프다.

철없고 흠 많은 아빠를 지금까지 옆에서 묵묵히 지켜주고 있는 나현, 범규, 민규, 정명에게 이 책을 바친다.

2023년 4월, 햇살이 눈부신 아침에
김형민

| 목차 |

머리말 8

[**1장**
내가 지배하는 게임을 한다 17]

[**2장**
부동산 투자의 허들을 넘다 25]

[**3장**
99명의 회계사와 다른 길을 가다 39]

[**4장**
성공적인 수익용 부동산 투자의 A부터 Z 123]

[**5장**
다열어 부동산 중개법인을 만들다 167]

[**6장**
1,000억 원대 부로 이끈 투자의 원칙 177]

에필로그 1 198

에필로그 2 201

1장

내가 지배하는 게임을 한다

공세공* 김형민

  나는 택시 운전사의 아들로 태어나 대학에서 경영학을 전공하고, 한국공인회계사 시험에 합격한 후 KPMG에 입사하여 회계사에 입문했다. 이후 개업하여 공인회계사

* 공인회계사, 세무사, 공인중개사의 줄임말. 저자 주.

와 세무사로서 세무와 회계업무를 시작하였으며, 현재는 공인중개사 자격증을 취득한 후 회계와 세무, 부동산 투자와 관리, 그리고 중개업무를 하며 내 부동산을 투자·관리하고 있다.

어느 날 개업 회계사로서 안정적인 수입을 확보한 후 삶에 여유가 찾아왔을 때, 이런 고민이 들었다.

'내가 만약 개업 회계사나 세무사로서 현재의 내 생활에 만족해 변화를 주지 않는다면, 나는 예측 가능하며 재미없고 타성에 젖은 세무회계 전문가의 삶을 살아가지 않을까?'

나는 그것이 두려웠다. 아니 더 솔직하게는, 나이 50, 60이 되어서도 머리가 희끗희끗해서 양복을 입고 서류 가방을 들고 고객을 찾아다니는 내 모습을 상상하고 싶지 않았다.

내 삶과 내 시간을 스스로 통제하는 것이 아니라, 나이가 들어서도 고객의 시간과 비위를 맞추면서 살아가는 삶을 용납할 수 없었던 것이다. 그래서 생각했다. 내가 타인의 간섭에서 벗어나 내 인생과 시간을 스스로 통제하고 조절하는 방법은 경제적 독립밖에 없다는 것을.

기업이나 조직에 들어가 먹고 살기 위해 누군가의 통제를 받는 삶은 강아지의 삶이 아닌가? 만약 주인으로부터 버림 받는다면 강아지가 혼자 독립해서 살 수 있을까? 만약 강아지 주인이 내일부터 밥을 주지 않는다면 어떡할 것인가? 인간은 강아지가 아니다. 주인 눈치를 보며 밥을 얻어먹기 위해 꼬리를 흔드는 행위를 중단해야 하며, 내가 스스로 먹을 것을 찾아가는 인간다운 삶을 살아야 한다고 생각했다.

이를 위해서는 노동이나 근로 소득이 아닌 안정적인 자산 소득이 필요했다. 회계사 시절 일찍이 터득한 것은, 투자의 핵심은 내가 지배할 수 있는 내 돈의 통제권과 의사 결정권에 있다는 것이었다. 나는 내 돈의 투자와 회수 및 수익의 의사 결정권(통제권)을 가질 수 있는 투자를 생각하기 시작했다.

회계사로서 주식투자는 매력적일 수 있다. 단, 거시

경제를 보며 장기적 가치투자를 했을 때만(헷지Hedge까지 포함하여) 내 돈과 내 투자에 대한 의사 결정권과 통제권을 가질 수 있는 것이지, 시장정보나 투기 작전세력에 의한 단기적인 투자에서는 내 투자금에 대한 지배권(통제권)을 가질 수 없다고 생각했다.

펀드나 부동산 리츠에 대한 투자 역시도 큰손들의 움직임이지만, 자금 운용사 등 '그들만의 리그'였다. 투자는 분명 개미와 서민들의 자금인데, 마치 그들 자신의 자금인 것처럼 밀어주며 수수료나 챙기는 장난질로 보였다. 때문에 나는 펀드나 부동산 리츠 등의 투자로도 내 돈에 대한 직접적인 지배권을 가질 수 없다고 보았다.

하지만 수익용 부동산 시장에서는 최초 투자한 내 돈에 대한 지배권, 즉 의사 결정권을 가질 수 있었다. 당시 나는 강남에서 가장 큰 부동산 컨설팅 회사의 고문 회계사로 일하면서 세무와 회계 창업에 대해 자문해주며 신입 직원들에게 창업 교육까지 해주고 있었다.

그런 고문 회계사인 나도 최초의 수익용 부동산 투자

에서 내 돈의 통제권을 생각하지 않고 '설마 고문 회계사인 나를 속일 수 있을까'라고 생각하며 그 부동산 컨설팅 회사에 돈을 투자했다. 그리고는 원금을 거의 날렸다. 지금 생각하면 사기를 당했다고 보는 것이 맞을 것이다. 그 이후부터는 내 투자금에 대한 지배권을 더욱더 우선순위로 생각하게 되었다. 이는 투자에서 본인의 의사결정으로 돈을 지배할 수 있어야, 비록 손실이 발생하더라도 그것을 수업료로 삼아 경험이라는 자산을 얻을 수 있고 차후의 투자에 성공할 확률도 높기 때문이다.

내가 수익용 부동산으로 총 자산규모 1,000억 원 정도의 부를 이룰 수 있었던 가장 큰 요인은 운도 따랐지만 내 투자금에 대한 지배권, 즉 내 돈을 넣고 뺄 수 있는 의사 결정권(통제권)을 가장 중요하게 생각하며 수익용 부동산 투자를 이끌었기 때문이라고 나는 판단한다.

2장

부동산 투자의 허들을 넘다

이 책을 쓰게 된 이유

(1) 수익용 부동산 투자는 내가 성공했고 잘 아는 분야이기 때문이다.

주변에 주식, 펀드, 리츠Reits, 암호화폐 등 투자할 종목들은 많다. 각 분야의 전문가들은 자기 나름의 투자모델과 수익모델이 있다고 세상에 주장한다. 대중은 그 전문가라는 사람들의 말에 혹해서 돈을 넣고 대박을 꿈꾸며 기다린다.

자, 객관적 관점에서 현실을 바라보자. 각 분야의 투자 전문가들이 모두 자신들의 투자수익 모델에 투자하면 떼돈을 번다고 어필해 자금을 모으고, 대중에게 본인들이 찍어주고 알려준 투자모델에 돈을 넣으라고 주장한다면, 우리는 다음과 같은 질문들을 던져야 한다.

첫째, 자칭 투자 전문가들은 부자인가? 현재 성공하지 못했는데 투자를 말하는 것은 공상이나 다름없다.

둘째, 그들은 맨땅에서 시작한 투자로 현재의 성공을 일구었나? 이미 물려받은 돈이 있어서 부자라고 한다면, 자칭 전문가라고 말하면서 투자하라는 것은 말이 안 된다. 이는 그 분야의 바닥에서 시작해서 성공한 것과는 차이가 크기 때문이다.

셋째, 그들이 본인들의 투자모델을 대중에게 어필하는 이유는 무엇인가? 자신들의 사리사욕을 위한 것인지,

사회에 기여하고 긍정적인 방향으로 이끌기 위한 것인지를 판단해야 할 것이다. 투자수익이 아무리 크게 나더라도 누군가의 부를 착취해 사회에 마이너스 영향을 준다면 그는 사기꾼이나 선동가에 지나지 않는다.

넷째, 그들은 왜 그 좋은 투자모델을 자신들이 독점하지 않고 굳이 타인의 자금을 끌어들여 같이 투자해서 이익을 보게 해준다는 것일까? 바꿔 말하면, 그렇게 쉽게 돈을 벌고 이익을 얻을 수 있는데, 굳이 왜 제3자를 투자에 끌어들이는지 냉철하게 살펴 내 돈을 투자해야 할 것이다.

독자 여러분은 위의 4가지 질문들을 기억하며 이 책을 읽어 주길 바란다.

(2) 부동산 투자가 쉽고 안전한 투자라는 것을 알려주고 싶었다.

자, 이제부터 내가 성공했다고 주장하는 수익용 부동산 투자에 대해 이야기 해보겠다. 왜 수익용 부동산 투자가 쉽고 안전한가?

내가 종잣돈을 만들 수 있고, 신용이 좋아 은행에서 대출을 받을 수 있다면, 다리품을 팔아서 충분한 기간 동안 상권을 분석하고, 누구나 믿을 수 있는 제1금융권 은행이 해당 부동산의 자산가치까지 분석해 사업자 대출을 해주기 때문이다.

먼저 투자자가 시장과 상권을 분석한 뒤 괜찮다고 생각하면 은행에 필요한 자금의 대출을 요청할 것이고, 은행은 영업 차원에서 제3자의 입장으로 수익용 부동산의 자산(시장) 가치를 객관적으로 분석해 줄 것이다(물론 이는 은행측이 대출금을 떼일 염려가 있는지 따져보기 위해 대출의 담보가치를 파악하는 수단이고 절차이지만).

소비자(투자자) 입장에서는 내가 투자하는 수익용 부동산의 가치를 은행 나름의 방법으로 계산해서 공짜로 알려주니 고마울 따름이다.

물론 은행 측에서 계산한 수익용 부동산의 자산 가격은 투자자 입장에서의 투자자산의 가치와는 차이가 있을 수 있음을 뒤에서 설명하겠지만, 어쨌든 내가 투자할 물건의 가치를 믿을 수 있는 제3자(은행)가 한 번 더 검증해주는 과정을 거칠 수 있다.

즉, 스스로의 노력으로 다리 품과 시간을 들여 물건을 고를 수 있기 때문에 쉽다는 것이고, 그 물건의 가치를 공인받은 제3자가 한 번 더 검증해주기 때문에 좀 더 안전하다는 것이다.

이는 수익용 부동산에서 투자이익을 크게 내기 위해서는 레버리지(차입)가 필요하기 때문이다. 건물을 살 때는 나의 돈 100%가 들어가지 않는다. 나 같은 경우는 은행 대출을 80~90%까지 일으킨다.

은행은 적금을 받는 게 아니라 돈을 빌려주는 것이

목적인 곳이다. 돈을 빌려주고 이자를 안 받으면 은행이 존재할 이유가 없는 것이다.

또 하나, 안전한 투자라는 것은 최소한 원금(물건)이 존재해야만 후일을 도모할 수 있는데, 주식이나 펀드처럼 원금이 제로$_{zero}$가 되는 깡통 계좌는 수익용 부동산 투자에서는 나올 수 없기 때문이다.

주식은 변동성이 너무 크고 원금을 전부 날릴 위험이 있지만, 부동산은 사는 순간 내 것이 된다. 물론 좋은 물건을 약간 비싸게 살 수도 있다. 그러나 사고 나면 건물은 어디 가지 않고 존재하기 때문에 원금을 날릴 염려는 없으며, 내가 비싸게 샀다면 팔 때도 그만큼 비싸게 팔 수 있다.

(3) 수익용 부동산에 접근하고 투자하고 싶어도, 막연한 두려움으로 '내가 과연 할 수 있을까?'라고 생각하는 분들에게 길을 알려주고 싶었다.

즉, 수익용 부동산 시장이 보다 투명해지고, 더 많은 정보가 공개되어서 일반인들도 안심하며 투자하고 수익을 만드는 과정에 도움을 주고 싶었다.

이 책에서 가장 중요하게 언급할 것은, '내 돈의 지배권을 가지라'는 것이다.

즉, 수익용 부동산 투자자들이 자칭 전문가들의 감언이설에 놀아나 본인 자금의 통제권을 그들에게 내주는 우를 범하지 않고, 본인의 자금을 안심할 수 있는 곳에 투자하고 이를 통해 수익을 만들어 가는 과정에 도움을 주고 싶었다.

중간에서 거래 정보를 독점하며 이득을 챙기는 대리인들(중개인이나 중개 기관, 자금모집책 운용기관 등)의 간섭에서 벗어나 투자자 스스로가 본인의 시간과 노력으로 수익용 부동산 투자의 길을 찾아간다면, 시장이 보다 투명해지고 일반 투자자들도 서로 도움을 주기 위한 선한 마음으로 정보를 공개할 수 있게 될 것이다.

내 돈의 통제권이 내 손안에 있고 향후 일이 예측 가능하다면, 수익용 부동산 투자에 대해 느끼는 막연한 두려움을 잠재울 수 있다.

(4) 내가 경험과 시행착오를 거쳐 성공했던 합리적인 부동산 투자 방법을 나누고, 우리 사회가 더욱더 건강하게 발전했으면 하는 바람으로 이 글을 썼다.

수익용 부동산 투자에 성공했던 초기에는 돈을 너무 쉽게 벌었다. 하지만, 밤에 혼자 침대에 누웠을 때는 이런 고민이 떠나지 않았다.

'수익용 부동산 투자는 내가 돈을 벌면 누군가의 희생이 따를 수밖에 없는 제로섬 zero-sum 게임이 아닌가? 사회에 플러스 영향을 주는 윈윈 win-win 게임이 아니지 않는

가?'

쉽게 설명해보자. 내가 투자해서 구입한 건물이 있다. 투자 시 현재의 임대가는 형편없이 낮은 가격이었다. 즉, 임대료가 낮은 대신에 권리금이 크다는 이야기다.

건물 구입 후 임대료를 현실화 시키기 위해 권리금만큼 임대료를 인상하면 건물의 임대료는 올라가고 그에 따라 건물의 가치는 커진다.

만약 건물의 임차인을 쥐어짜서 임대보증금과 임대료를 올리면 건물의 가치는 올라가고 이를 통해 얻은 인상된 임대보증금으로 은행 대출을 갚은 후 건물을 매각한다면 나에게는 큰 수익이 남는다. 하지만 누군가(임차인)는 그들의 전 재산일 수도 있는 권리금을 잃게 된다. 이 중간에서 거간꾼들의 농간이나 사회적 폭력이 발생한다.

건강한 사회란 노력하는 자에게 그만큼의 부의 기회와 성공의 사다리를 제공하는 것이라고 본다. 모든 사회적 거래와 투자가 제로섬 게임이 아닌 윈윈 게임이어야 하는 이유다. 노력한 만큼 투자에서 수익을 내고, 사회적으로 인정받는 합리적인 대가가 따르는 게임, 중간에 누군가 정보와 거래를 통제하며 이익을 빼먹지 않는 게임 말이다.

이를 통해 투자자는 물론 우리 사회가 서로 건강하게 발전했으면 하는 바람이 이 책을 쓰게 된 이유다.

# 3장

99명의 회계사와 다른 길을 가다

영등포구 신길동에서 태어난
택시 운전사의 아들

나는 일곱 살까지 부모님의 경제적 어려움으로 인해 외할머니 손에서 자랐다. 여덟 살에 초등학교에 입학하고 나서야 처음으로 부모님이 사시는 단칸방에 들어갔다. 아버지는 내가 중학교에 입학할 즈음 가족을 부양하기 위해 택시 운전을 시작하셨다.

나는 부모님과의 기억이 많지 않다. 어렸을 때는 그저 아버지의 무능함과 우리 집의 가난이 싫었다. 지금도 부모님께는 따뜻한 애정보다는 사회적 부양의 기본적인 책무에 더 충실한 것 같다.

나에게는 지금도 극복하기 힘든 트라우마가 있다. 어린 시절 학교에서는 거짓말을 하지 말라고 배웠는데, 집으로 빚쟁이가 찾아오든지 아버지를 찾는 전화가 오면, 아버지가 뻔히 집에 숨어 계신 데도 불구하고 부모님은 나에게 아버지가 없다고 말하라고 시켰다. 그 당시 빚쟁이들로부터 걸려 오는 독촉 전화와 그들이 집으로 찾아왔을 때 부모님이 안 계신다고 거짓말을 하는 것이 나는 죽을 만큼 싫었다.

지금은 어느 정도 극복했지만, 최근까지도 나는 모르는 번호로 걸려 오는 전화를 받는 것이 두려웠다.

가난한 내가 청소년 시절에 깨달은 것이 있다. 세상에는 나를 도와줄 사람이 없다는 사실이었다. 내가 노력하지 않는다면 아버지와 같은 삶을 살 것만 같았다. 나는 이를 극복하고 싶었고, 그 방법은 공부뿐이었다. 그렇게 고등학교 때부터 부모님이 무어라 하든 공부했다.

가난을 극복하고 싶었던 나를 받아준 대학은 성균관대학교였다. 법대와 회계학과 중에 진로를 택해야 했을 때, 가난이 싫었던 나는 회계학과에서 무엇을 배우는지도 몰랐지만, 돈을 다룰 수는 있겠다는 어린 생각으로 경영대학의 회계학과를 선택했다. 대학 입학을 앞둔 열여덟 살의 나로서는 회계사가 변호사보다 돈을 더 잘 벌 것 같았다.

우리 집은 가난했고, 그때 내게는 돈이 더 중요했기 때문이었다.

공인회계사에 도전하다

삼성과 현대 같은 대기업에 입사하는 것은 그룹 총수의 노예로서 그들이 주는 밥을 기다리며 꼬리를 흔드는 강아지의 삶을 살아가는 것으로 보였다. 그래서 좀 더 자립적인 삶을 위해 주인이 밥을 주지 않아도 스스로 밥을 찾아 먹을 수 있을 것 같은 전문직을 선택했다. 어린 내게는 내 전공과 맞는 공인회계사가 그랬다.

성대에는 국가고시를 준비하는 학생들을 위한 고시반이 있었다. 국가고시를 준비하는 학생들을 선발해 먹여주고 재워주며 공부에만 집중할 수 있게 하는 일종의 기숙사였다. 고시반(기숙사)에 입실하면 주거비용은 무료였다.

물론 중간에 성적이 좋지 못하면 퇴실당하지만, 성적이 우수하면 장학금까지 주었다. 덕분에 나같이 가난한 학생들은 돈 걱정 없이 공부에만 집중할 수 있었다.

당시 모두가 마찬가지였겠지만, 흙수저들이 세상의 사다리를 탈 수 있는 방법은 고시밖에 없었다. 나 역시도 그 방법을 선택한 것뿐이었다. 일단 시작했으니 합격하기 위해서 최대한의 노력을 했다.

공인회계사 CPA 고시반(이하 양현관)에 입실하면 선배들이 쌓아놓은 무궁무진한 공부 자료들을 쉽게 접할 수 있어서 시험 합격에는 월등히 유리했다.

나는 고시반에 들어가 선배들이 합격해 나가면서 갖고 있던 서브 노트들을 모두 전수받았다. 그걸 보는 순간 '이 사람들이 이렇게 공부했구나'라는 생각이 들면서 시야가 확 넓어지는 느낌이었다.

핵심은 시험에 반드시 나오는 분야를 확실히 챙기는 것이었다. 출제 흐름에서 벗어난 10%에서 점수를 더 받느니, 출제 범위를 벗어나지 않는 90%의 문제에 집중해 틀리지 않는 것이 공부한 사람들의 요령이었다. 어차피 상대평가가 들어가는 입장에서는 굳이 10%밖에 안 나오는 문제들에 내 시간을 쏟을 이유가 없었다. 그래서 단순하게, '내가 모르면 너도 모를 거야'라고 생각하며 핵심 영역의 아는 문제에 집중하겠다는 전략을 세웠다.

우선 기본서를 하나 정해서, 보통 500~600 페이지 되는 책을 3~4회 독학한다. 이 기본서에서 어떤 문제들이 출제되고 내가 그 문제들을 왜 틀렸는지를 아는 것이 중요하다.

양현관에서는 1년에 5~6회 정도 1차 객관식 종합모의고사 시험을 본다. 객관식 모의고사 문제를 만약 다섯 번 치렀다면, 1번부터 5번까지의 종합 모의고사 문제들이 존재할 것이다. 모의고사의 각 과목이 25문제라면, 각 문제별로 5개 문항의 예시를 제시하고 이 중 정답 하나를 고르게 된다.

객관식 모의고사의 회차별 문제당 예시가 5개 존재한다면, 두 번째 모의고사의 5번 문제의 각 예시들은 2-5-1부터 5까지가 된다. 이를 모두 기본서의 해당 문제 옆 여백에 2-5-1과 같이 표시한다. 즉, 1번 모의고사의 3번째 문제 5번의 예시가 정답이라면 1-3-5가 되는 것이다. 이것이 기본서에 옮겨 적는 오답 노트 작성과정이다.

이후 각 과목별 기본서를 반복해서 볼 때, 기본서 옆에 표시해 놓은 오답 노트의 문제 2-5-1이나 2-5-2를 함께 체크해서 풀어볼 수 있으므로 틀린 문제를 또 틀리지는 않게 된다.

모의고사를 치고 나서 기본서에 옮겨 적는 과정에는

많은 시간과 노력이 들어가지만, 이를 수행함으로 인해 어느 부분이 중요하고 어떤 문제들이 자주 출제되며 내가 그 문제들을 왜 틀렸는지 파악할 수 있으므로, 객관식 시험공부에서는 필수적인 오답 체크 및 정리 절차라 할 수 있겠다.

객관식 시험에서는 한번 틀렸던 종합모의고사 문제를 왜, 어디서 틀렸는지 모르는 채로 기본서를 계속 읽고, 다른 모의고사를 푸는 것은 시험을 합격하지 못하는 지름길이 된다. 객관식 시험을 준비하고 있는 분들에게 참고가 되기 바란다.

참고로 주관식 시험의 시험방법이나 요령은 약간 다른데, 주관식 시험의 합격을 위해서는 기본서의 목차가 내 머릿속에 컴퓨터 프로그램처럼 순서대로 정리되어 있어야 한다.

기본 목차는 나무의 줄기이므로 기본 목차 순서가 내 머릿속에 일렬로 정리되면, 내 머릿속에서 가지 치듯 그 부분을 정리할 수 있어서 눈을 감고도 그 줄기와 가지를 체계적으로 글로 정리할 수 있게 되는 것이다.

즉, 주관식 시험은 그 과목을 책의 목차에 맞추어 체계적으로 가지 치듯 정리하면, 줄기의 어느 부분이 문제로 출제되었는지가 머릿속에 정리되어 있어 책을 안 보고도 목차를 손으로 술술 쓸 수 있을 정도가 될 것이다.

객관식 시험은 굳이 주관식 시험과 똑같이 공부할 필요는 없으므로 기본서를 한 권 정해 계속 반복해 읽으면 된다. 종합모의고사 문제를 5~10회 정도 찾아서 오답노트 형식으로 기본서에 옮겨 적는다면 웬만한 객관식 시험은 합격할 거라 본다.

나는 성대에서 공부한 3년 동안 양현관에서 크게 학비나 생활비 걱정 없이 학교를 다녔고, 여기서 공인회계사를 합격했다. 때문에 성대는 내게 어머니와 같은 존재다.

가난한 나를 키워준 모교에는 지금까지 4억이 넘는 돈을 기부했다. 내가 앞으로 나의 길에서 좀 더 성공을 이루어 간다면, 내 재산의 더 많은 부분을 모교에 기부해 나 같은 흙수저를 한 사람이라도 더 성공시킬 수 있도록 도움을 주고 싶다.

첫 월급을 부모님께 안 갖다드리다

공인회계사 시험 합격 후 회계법인 KPMG에 입사했다. 부모님은 맏아들인 내가 당연히 첫 월급을 집에 가져올 것으로 생각하셨던 것 같다.

하지만 나는 부모님께 내 월급을 갖다 드리는 것이 단기적으로는 가계에 도움이 되겠지만, 내가 목표로 하는 부의 증식에는 도움이 되지 않는다고 생각했다.

나는 첫 월급으로 부모님께 내복을 선물해드린 이후로 줄곧 생활비를 갖다 드리지 않았다.

이런 나에게 서운해하시는 부모님을 바라보며 생각했다. '제발 내가 성공할 때까지만이라도 부모님이 살아계셔라. 부모님께 이런 비난까지 받으면서도 성공하지 못한다면 내가 바보다.'

나는 주택부금, 재형저축 등 종잣돈을 만들 수 있는 예금에 월급을 넣으면서 나의 파이를 키워가겠다고 다짐했다.

그때 나는 부를 이룬 후 부모님께 나누어 드리겠다는 말도 하지 않았다. 그건 나중에 행동으로 보여드려야지, 그 당시 그러한 말을 하는 것은 변명에 지나지 않았기 때문이다.

㈜대우의 감사반장 Incharge을 맡다

회계법인에 입사한 후, 운이 좋게도 ㈜대우의 회계감사반장을 맡게 되었다. ㈜대우의 국문·영문 감사보고서와 해외 연결 재무제표를 감사하는 현장 감사책임자라 할 수 있는 직책이었다. 노력하면 회계법인에서 성공할 것 같았다.

당시 회계법인 KPMG에서 ㈜대우의 감사반장을 맡

는다는 것은 항상 새벽에 별을 보고 출근해 밤에 별을 보고 퇴근해야 하는 고된 일이었다. 그렇게 3~4년 정도 일을 하고 나면 미국으로 연수를 보내 미국 회계사를 취득할 수 있도록 하는 코스였다.

문제는 업무의 강도와 책임감이었다. 당시 (주)대우의 회계 감사를 한 후 감사보고서를 제출해야 했는데, 항상 감사 마감일 하루 이틀 전이 되어서야 회사로부터 최종 회계 감사 자료를 받을 수 있었다.

즉, 나는 하루 이틀이라는 촉박한 시간 안에 감사 현장의 책임 회계사로서 회계 감사 자료를 검토하고 의견을 제출해야 했다.

이는 물리적으로 거의 불가능에 가까운 상황이었다. 그러한 생활에 회의가 왔고, 나는 미련 없이 회계법인 KPMG를 퇴사하였다.

나는 예측 가능한 삶을 살고 싶지 않았고, 남들이 가는 방향대로의 삶이 싫어서 고시를 선택해 잘난 놈들과 굉장히 치열하게 붙었다. 그런데 KPMG에 들어가서도 예측 가능한 삶이 보였다.

내가 서울대 출신도 아니고, 우리 집이 잘사는 것도 아니었다. '내가 여기서 과연 파트너가 될 수 있을까'를 물었을 때 파트너의 삶이 썩 행복해 보이지도 않았다. 남들이 보기에는 부러워 보일 수 있지만 그때만 해도 회계사는 고객이 부르면 가야 하는 을의 입장이었다. 회계사의 역할이 별로 없었고 무엇보다 행복해 보이지 않았다. 나이 50에 머리가 희끗희끗해서 양복을 입고 가방을 들고 부르면 가야하고 클라이언트들의 지시에 따라야 하는 을의 삶을 살 것 같았다.

만약 그렇게만 했다면 지금 나는 강남에 아파트 한 채, 중형차 BMW 한 대, 그리고 예금 몇억을 가진 삶에 만족하며 살았을 것이다.

회계법인 KPMG 퇴사에 대한 후회와 인생은 새옹지마

회계법인을 퇴사한 후 귀금속 상가들이 밀집한 종로 3가에 개인 회계사무소를 열었다. KPMG에서 최신 회계지식으로 대기업의 회계 감사업무를 수행하던 것과는 완전히 정반대의 환경이었다.

나는 양복 차림으로 내 회계사무소 명함을 갖고 월 5만 원, 10만 원의 기장료(수임료) 거래처를 확보하기 위해 무작정 치킨집, 분식집, 커피숍, 술집 등의 소규모 가게들을 찾아 다녀야만 했다.

어느 날 내가 직원 한 명을 데리고 일하는 조그만 회계사무소에 아내가 처음 방문해 "너는 이러려고 그 큰 회계법인을 박차고 나왔냐"고 힐난할 때, 솔직히 할 말이 없었다.

하지만 내가 개인 회계사무소를 종로에 오픈한 지 3~4년 후에 (주)대우 사태가 터졌고, 급기야는 회사가 공중

분해 되었다. ㈜대우의 회계 감사를 담당했던 KPMG의 회계감사팀도 당시 대검 중수부에 불려 가서 조사를 받았다. 회계법인의 ㈜대우 회계 감사 책임자들은 공인회계사 자격정지에 개인 재산 압류까지 당한 것으로 안다. 물론, 이후 재판을 통해서 어느 정도 혐의는 소명할 수 있었으나 몇 년간의 지난한 재판과정은 회계사 각자가 감당하기엔 어려운 고난이었을 것이다.

생각해 보았다. 내가 만약 회계법인을 퇴사하지 않고 계속 ㈜대우 감사반의 현장 책임자를 맡고 있었으면 어찌 되었을까? 아마도 최소 5~6년 이상 회계 감사를 담당한 회계사로서 감당할 수 없는 검찰 조사와 재판, 재산 압류 그리고 사회적 비난에 직면했을 것이다.

여담으로, ㈜대우 회계감사팀의 선배 회계사 가족들과 ㈜대우 사건이 마무리되고 식사를 함께할 기회가 있었는데, 선배 회계사의 사모님이 나에게 이런 말을 했다.

"남편이 서초동 대검찰청 중수부로 아침에 조사받으러 들어갔어요. 새벽에 검찰 조사를 마치고 집으로 와서 잠도 제대로 못 자고 다음 날 오전에 다시 검찰 조사를 받으러 나갈 때, 이 사람이 혹시 자살이라도 하지 않을까 걱정이었어요."

그때까지는 큰 회계법인을 퇴사했던 나의 결정에 대해 후회가 많았지만, ㈜대우 사건이 터지고 나서 '아! 인생은 새옹지마구나'라는 것을 느꼈다.

현재의 어려움이 나중에는 큰 행운으로 바뀔 수 있고, 지금 누리는 큰 행운이나 즐거움도 시간이 지나면 고난으로 변할 수 있는 것이 인생이란 걸 그때 크게 깨달았다.

반지하 방에서 시작한 개업 회계사의 길

개업할 때 나는 2,600만 원짜리 반지하 방에서 살고 있었다. 거래처 하나 확보하지 못하고 개업 세무 회계 시장에 뛰어들었을 때 솔직히 무엇을 해야 하며 어떻게 거래처를 확보해 수입을 낼지 앞이 캄캄했다.

이느 날은 무작정 고등학교 동문회장 박 선배님(후에 내 두번째 빌딩의 공동투자자가 되었다)을 찾아갔다. 나는 얼굴도 한번 뵙지 못했던 선배님에게 이렇게 간청했다.

"○○고등학교 19년 후배입니다. 세무회계 사무소를 개업했습니다. 도와주십시오."

고등학교 동문회장이었던 박 선배님은 나름대로 탄탄한 중소기업을 운영하고 있었다. 무작정 찾아온 후배 녀석의 얼굴을 빤히 쳐다보던 그가 대뜸 말했다.

"너 돈을 많이 벌 것 같다."

그 말을 들은 나는 속으로 '가진 것 하나 없는 젊고 가난한 회계사에게 왜 이런 말을 하실까' 의아해 했다.

시간이 흐른 후 박 선배님과 나는 함께 건물을 사는 사이가 되었다. 그때 왜 처음 본 나에게 그런 말을 했는지 물었을때, 선배님은 나에게 처음 했던 말을 기억하지 못했다. 오히려 "내가 그런 말을 했니?"라고 내게 되물었다.

개업 후 5~6개월이 지나 개업자금을 모두 소진하고 은행 잔고가 바닥을 보이자, 나는 이것저것 생각할 여유도 없이 영업을 위해 무작정 사람들을 만나야 했고 그들의 눈높이에 맞추기 위해 공감 능력을 키울 수밖에 없었다.

시장 바닥에서 거래처 수임을 위해 영업을 할 때 나를 지탱해 준 힘은, 나 자신에게 최면을 거는 것이었다.

영업을 위해 크고 작은 거래처를 만나면서 속으로 '당신은 나를 만나 돈을 벌 것이다. 나는 당신의 성공을 돕기 위해 지금 당신 앞에 서 있다'고 최면을 걸었다.

이러한 마음가짐이라도 없었다면 나는 내가 너무 초라하고 비참했을 것이다.

그 당시 나에게 가장 행복한 시간은 일을 마치고 밤에 혼자 침대에 누울 때였다. 누구의 간섭과 전화도 받지 않고 천장을 보면서 잠들 수 있었기 때문이었다.

하지만 개업 초창기에 거래처 수임을 위한 영업을 하면서 고객들의 눈높이에 나를 맞춰가는 공감 능력은 이후 내 사업에 큰 도움이 되었다.

대한불교 조계종단의 고문 회계사가 되다

개업 회계사로 종로 3가에 개인사무실을 오픈했을 때, 세무사나 회계사 또는 사무장들로부터 사무실 개업부터 도움을 줄 테니 같이 사무실을 오픈하자는 제안을 많이 받았다.

나는 어차피 개업의 길을 갈 거라면 스스로 독립해야지 남의 도움을 받는 것은 싫었다. 처음에는 돈을 아끼는 쉬운 길일 수 있으나 후에는 그들의 통제와 간섭으로 인해 충돌할 수밖에 없다고 생각했다.

개업 공인회계사라는 마음을 지우고, '나는 사무장이다'라고 최면을 걸었다.

월 5만 원, 10만 원 수임료를 받는 작은 가게의 거래처도 직접 찾아가 그들의 눈높이에 맞춰 공감하며 하나씩 거래처를 늘려갔다. 시장의 작은 가게 사장님들은 맨 처음 나를 만나 이런 질문들을 던졌다.

"세무서 직원과 친한가요?"

"얼마만큼 세금을 깎아 줄 수 있나요?"

대기업의 회계 감사와 세무 컨설팅을 했던 나는 치킨집 사장님의 이 같은 질문에 말문이 막혔다.

갑자기 내가 시장의 치킨집 사장이 된 느낌이었고, 고급 회계를 다루었던 회계전문가로서 초등학교의 산수 문제를 푸는듯한 자괴감이 들었다.

하지만 어쨌든 살아남아야 하지 않나? 먹고 살려면 생각을 바꾸어야 했다.

최대한 고객의 눈높이에 맞추려고 노력했고, 그들의 이야기를 듣기 위해 밤이든 낮이든 양복을 입고 달려갔다.

그때도 밤에 혼자 침대에 누웠을 때가 가장 행복했다. 그 시간에는 아무도 나를 찾지 않았기 때문이었다.

종로3가의 젊은 회계사가 열심히 노력한다는 입소문이 퍼졌는지, 나는 종로 귀금속협회의 고문 회계사를 맡으며 귀금속협회지에 글을 기고하게 되었다. 그리고 머지않아 종로에 위치한 대한불교 조계종단의 고문 회계사가 되었다.

전국의 큰 사찰의 토지에 대하여 토지초과이득세가 부과될 무렵이었다. 부산의 범어사만 해도 사찰 토지에 대해 100억 원이 넘는 토지초과이득세가 부과되던 때였는데, 갑자기 조계종단의 재정 과장님이 고문 회계사인 나에게 사찰에 부과된 토지초과이득세에 대한 자문을 요청해 왔다.

범어사의 사찰 토지에 부여된 금액이 워낙 컸던 관계로 부산 지역의 세무 회계 전문가들에게 자문을 구했지만, 그들로부터 세금을 납부할 수밖에 없다는 답변을 들었다는 것이었다.

나는 며칠간 조세감면규제법 등 세법 규정을 면밀하게 검토해 보았고, 종교 고유의 목적사업을 위한 토지의 사용과 보유는 세금을 100% 감면받을 수 있다는 조항을 발견해 이를 사찰 쪽에 알려 주었다.

나의 자문이 전국 사찰에 부과되는 세금의 감면을 이끌어낸 것이다. 이에 대해서는 세무 전문가로서 큰 자긍심을 갖는다.

강남 "포시즌 부동산 컨설팅"사의 고문 회계사

개업 회계사로서 열심히 일할 무렵, 거래처 지인의 소개로 강남에 있는 '포시즌 부동산 컨설팅' 사의 세무 회계 자문 업무를 맡게 되었다.

부동산 중개와 임대·매매에 대한 세무 회계 자문을 하고 세무신고를 대행하며 신입 직원들의 업무교육까지 하는 일이었다. 세무와 회계 관리 컨설팅을 하면서 부동산 중개회사의 다양한 거래 현장을 옆에서 모두 지켜볼 수 있는 흥미로운 업무였다.

어느 날 회사의 주주이자 본부장급인 임원이 경기도 양평에 있는 땅을 구입했는데, 내게 전원주택에 공동 투자해 달라고 제안했다.

그는 나와 함께 땅을 보러 가서 자신이 분석한 수익률을 보여주었다. 나는 회사의 고문 회계사인 나에게는 모든 자료와 정보를 정직하게 오픈했을 것으로 믿고, 수익률이 높으니 추천해 주었을 것이라는 생각에 꼼꼼한 검토조차 하지 않고 돈을 투자했다.

그러나 1년 정도의 시간이 흐른 후 내가 알게 된 것은, 그 땅이 여러 사람에게 이중 삼중으로 거래되었고 내가 투자한 돈 또한 어디로 흘러갔는지 흔적조차 찾을 수 없다는 사실이었다.

결국 나는 내 투자 원금의 10~20% 정도를 회수하는 데 그쳤다. 하지만 이를 통해 후에 내 투자의 원칙이 되는 교훈을 얻을 수 있었다. 바로 '내 돈의 지배권(통제권)은 항상 내가 가져야 한다'는 교훈이었다.

누군가 큰 수익을 약속하면서 투자를 요구한다면, 이에 대답하기에 앞서 내 돈의 통제권, 즉 내가 투자금의 투입과 회수의 통제권을 가질 수 있는지와 모든 돈의 흐름을 파악할 수 있는가를 먼저 보아야 할 것이다.

내 돈의 통제권을 잃고 타인에게 돈이 넘어가는 순간 아무도 자기 돈처럼 관리해주지 않기 때문이다.

무엇 때문에 내 돈을 남에게 투자해 달라고 맡겨 놓

고선 '언제 수익을 주나? 원금을 주나?' 하는 생각으로 안절부절하나?

타인에게 내 돈의 통제권이 넘어가는 순간, 나는 '갑'에서 '을'의 입장으로 바뀌게 된다. 이런 바보 같은 행동은 하지말자.

한국 금융연수원에서의 강의 시작

종로구 삼청동에 있는 한국 금융연수원은 내 종로사무실에서 차로 5~10분 되는 가까운 거리에 있었다.

사무실 업무를 보다가 연수원 강의를 위해 이동하기가 수월했던 관계로, 나는 오전 9시부터 시작해 강의가 많은 날은 하루 10~12시간씩 금융연수원에서 강의했다.

내가 강의를 맡은 과목은 은행원의 신용분석사 과정 중 세무회계 과목이었다. 신용분석사는 국민은행이나 신한은행 등의 은행원들이 진급하기 위해 필요한 국가 공인

자격증이다. 각 은행에서 우수 인재를 선발하여 금융연수원에 보내기 때문에 은행별 입학 경쟁률도 매우 높은 것으로 안다. 주로 과장급이나 차장급 직책의 은행원들이 3개월 과정으로 금융연수원 수업을 듣고, 교수님들이 직접 출제한 시험을 치렀다. 각 과목당 40점 과락 없이 평균 60점을 넘겨야 신용분석사 자격증을 취득할 수 있었다.

전국의 은행원들이 3개월 정도 기간의 연수를 위해 기존 업무를 중단하고 연수원에 들어오는데, 과락이 발생하면 자격증 취득을 위해 다시 재연수 과정에 입소해야만 하는 관계로 어느 한 과목에서라도 과락이 발생하면 인사고과에 치명적이었다.

회계사무소를 운영하면서 금융연수원에서 강의하는 동안 돈이 빠르게 쌓이기 시작했다. 당시 내가 한국 금융연수원으로부터 받은 강사료 수입은 월 1천만 원이 되기에 이르렀다. 뭔가에 대한 투자가 필요한 시점이었다. '나도 돈이있고 우리 고객들도 돈 있는 분들이 많아 비즈니스 모델이 만들어졌으니 건물 한번 사 봐야지'라고 생각했다.

나는 한국 금융연수원의 강의를 통해서 많은 엘리트 은행원들과 자연스럽게 연결되었다. 나아가 내가 검증된 사람이니 접근하기가 굉장히 편했다. 그들은 '은행 대출이 필요하면 저희 은행에 와 달라'고 이야기했다. 이는 이후 내 부동산 투자모델 완성과 나의 수익용 부동산(빌딩) 취득에 큰 힘이 되었다.

하루 10시간 넘게 강의하던 그 무렵 막내딸이 태어났는데, 수술이 필요한 긴급한 상황이었다. 하지만 보호자인 나에게 전화나 호출을 해도 강의 중인 관계로 연결이 되지 않아서 수술을 진행할 수 없었다. 결국엔 주변 분들의 긴급한 도움으로 막내딸이 무사히 태어났는데, 지금도 아내와 딸에게는 미안한 일로 남아있다.

수익용 부동산 시장에 진입하게 된 계기

개업 회계사로 열심히 일해 어느 정도 현금을 모았을 때였다. 저녁에 퇴근 후 집에서 식사하는데 아내가 나에게 우리가 가지고 있는 돈으로 둔촌 주공아파트를 전세 끼고 4~5채 구입하자고 제안했다. 전세 끼고 둔촌 주공아파트를 4~5채 사 놓고 기다리면 언젠가는 재건축이 되니 시세 차익이 클 거라는 말이었다. 당시 1~2억 정도면 둔촌 주공아파트 한 채를 잡을 수 있었다.

나는 만약 우리가 한 번에 4~5채를 일시에 구입하면 투기꾼으로 지목되어 세무조사 대상이 될 텐데 책임질 수 있냐고 아내에게 크게 화를 내었다.

그러면서 실제로 내 고객 중 대기업 임원으로 계시다 퇴직한 분의 사모님이 남편의 퇴직금으로 한 번에 재건축 아파트 같은 동을 10채 구입해 국세청 세무조사를 받은 이야기를 아내에게 해주고, 말도 안 된다고 손사래를 쳤다.

그날 밤 나와 아내는 둔촌 주공아파트를 한 채 사는

것으로 합의했고, 다음날 아파트 단지로 가서 전세 끼고 아파트 한 채를 구입했다.

이듬해 겨울에 아이들이 초등학교를 입학하게 되자 우리는 아이들 교육을 위해 이사를 결정한 후 대치동 부동산을 찾았다. 아이들 학교 입학을 앞두고 당시 매매로 나온 집이 없어서 급히 전세로 아파트를 계약했다.

아파트 전세 계약 시에 집주인에게 집을 파실 생각이 없냐고 물어보았을 때 집주인은 단칼에 집을 팔 생각이 없다고 했다.

그리고 나서는 가격이 한참 폭등했다. 1~2년 사이에 대치동 아파트값이 3배가 뛰었다. 물론, 우리가 사 놓은 둔촌 주공아파트 한 채의 가격도 많이 올랐으나 대치동 아파트 값의 상승과는 비교도 되지 않았다.

그때 난 깨달았다. "아! 나는 주거용 아파트 투자와는 맞지 않는구나!"

나는 아파트 투자에서는 아내의 말을 듣지 않아 크게 성공하지 못했으니 앞으로는 주거용 부동산에 관심을 가지지 말고 수익용 부동산(빌딩)에 투자해야겠다고 다짐했다.

그때 은행에도 예금이 꽤 있었는데, 은행에서도 빌딩 투자를 추천했다. 그때만 해도 빌딩 투자에는 감이 오지도 않았고 '내가 과연 빌딩을 살 수 있을까'라는 생각뿐이었다.

만약, 그때 내가 아내 말대로 둔촌 주공아파트 4~5채를 구입했다면, 난 그것에 만족하며 부자가 되었다 생각하고 수익용 부동산 시장에 관심을 가지지 않았을 것이다. 둔촌 주공아파트 4~5채 구입을 놓친 것이 오히려 현재 수익용 부동산 빌딩 투자로 성공한 계기가 된 것이다.

드디어 첫 빌딩을 구매하다

투자를 위해서는 비즈니스 모델, 즉 투자의 수익 모델이 필요하다. 수익용 부동산 투자로 빌딩을 구입하겠다는 목표를 이루기 위해서는 실패하지 않는 나의 비즈니스 모델이 필요했다.

투자에는 정확하고 빠른 투자정보와 금액이 필요하다. 당시 강남에서 가장 큰 부동산 컨설팅 회사인 '포시즌 컨설팅' 사의 고문 회계사였던 나는 부동산 투자 정보에 대한 접근성과 그 정보의 유효성 확인은 충분히 확보 가능하다고 보았다.

또, 수익용 부동산 투자에는 은행 대출이 필요한데 내가 한국 금융연수원에서 은행원들에게 신용분석사 과정을 강의하면서 만든 은행권 인맥을 통해서 남보다 유리한 조건으로 대출이 가능하다고 보았다.

투자의 초기 계약금인 종잣돈은 마련되어 있었고, 내 세무회계 사무소 거래처의 신용 좋은 사장님들이 나를 믿고 같이 움직일 수 있다고 판단했다. 드디어 투자모델, 즉 수익용 부동산인 빌딩 투자의 비즈니스 모델이 완성된 것이다.

비즈니스 모델은 완성되었으나 빌딩의 최초 투자에

는 허들Hurdle, 즉 막연한 두려움이 존재했다.

'부동산 투자에 실패하여 내 돈을 다 날리면 어떡하지? 은행에서 수십억 원을 대출받았는데 내가 제대로 이자와 원금을 갚을 수 없으면 신용불량자가 되어 거리에 나앉을 수도 있지 않을까? 내가 구입한 건물에 갑자기 화재가 발생하던지, 내부 시설에 문제가 있어 임차인이나 관계자들에게 소송을 당하지 않을까?' 등 수많은 걱정이 머리에 맴돌 수밖에 없었다.

이렇듯 첫 빌딩 투자는 어려운 것이다. 특히, 은행에서의 대출 등 타인 자본(부채)을 두려워하는 분들이 많다. 이런 분들에게는 아무리 좋은 투자 물건을 가져다주어도 소용이 없다. 겁이 많아서 투자를 못 하기 때문이다.

첫 건물투자로 내가 주목한 빌딩은 성북구 돈암동 성신여대 로데오 메인거리에 있는 동선동 3-2빌딩이었다. 노란색 병아리 색깔의 외관으로, 지하 2층, 지상 6층짜리 건물이었다.

매매가는 55억 원에 나와 있었고, 금융기관 대출을

40억 원 정도 받는다 해도 취·등록세 등의 이전 비용을 고려한다면 15억 원 정도의 자기자본(실투자액)이 필요해 보였다.

처음 돈암동 물건을 보기 위해 건물 앞 현장에 섰다. 성신여대 로데오 메인거리 세 번째 블록에 있는 건물로, 1~2층에는 피자집이 영업 중이었다.

피자집 오너와 그의 지인이 공동소유하고 있는 건물이었는데, 공동소유자와의 지분정리를 위해 매각을 진행하는 것으로 보였다. 내가 보기에는 1~2층 피자가게를 내보낸다면 보증금과 월세를 크게 올릴 수 있을 것 같았다.

물건은 맘에 들었으나 내 자본력과 최초의 건물(빌딩)투자였다는 점을 감안하면 쉽게 매매를 진행할 수 없어 고민이 되었다. 제1금융권에서는 40억 원 이상의 대출이 어려운 것도 문제였다.

며칠간 첫 수익용 부동산인 건물투자를 망설이고 있을 때였다. 내 세무회계 사무소 고객인 귀금속업체의 김 사장님과 점심 미팅이 있었다. (보통 1년에 한 번 점심 식사를

같이하는, 그때까진 그리 친하지 않은 거래처 사장님이었다)

내가 성북구 돈암동 건물로 고민하고 있다고 하자, 김 사장님은 자신의 고향이 성북구 돈암동인데 점심 식사 후 한번 같이 가보면 안 되겠냐고 제안했다.

내 회계사무소가 있던 종로에서 성신여대 앞 돈암동 로데오거리는 가깝기도 해서 식사 후 동선동 3-2번지 노란 병아리 빌딩으로 갔다. 김 사장님은 현장에서 건물을 보자마자 같이 5:5로 건물을 구입하자고 하면서 저축은행 임원이 본인의 고등학교 동창인데 40억 대출을 만들어 보겠다고 했다.

첫 건물투자였기에 나는 투자의 위험을 혼자 감당하는 것보다 힘들 때 도움을 받을 수 있는 든든한 우군이 생겼다는 안도감으로 흔쾌히 5:5 공동투자 제안을 받아들였다.

김 사장님 입장에서도 몇 년간 회계업무를 맡아 준 믿을 수 있는 전문가와 같이 공동으로 투자하면, 향후 세무나 회계건물의 관리 업무를 공짜로 잘 처리해줄 것 같아서 공동투자를 제안했던 것 같다.

협상 과정에서 매매가를 50억 6천만 원으로 4억 이상 깎았고, 저축은행에서 40억 원을 대출받아 기존의 임대보증금을 차감한 실투자액은 각자 4~5억 원 정도 들어갔다.

건물의 계약금을 지불하고 계약서에 도장을 찍은 그날 밤 처음으로 구입한 건물 앞에 섰을 때, 기쁨과 감격보다는 두려움이 밀려왔다.

'내가 은행의 이자를 잘 갚을 수 있을까? 건물에 불이라도 나면 어쩌지? 누가 엘리베이터 전기 수도 등을 관리하지? 건물에 관리나 설비에 문제가 생기면 누가 와서 처리하지? 건물의 기존 임차인들과 새로운 임대인 건물주로서 신규 임대차계약서를 작성해야 하고, 임대료 관리를 해야 하는데 누가 하지?'

수많은 걱정과 고민으로 잠이 들기 어려운 밤이었다.

하지만 주사위는 던져졌다. 나는 회계전문가이자 부동산 컨설팅사의 자문 회계사 아니던가! 모르는 것은 물어

보고 하나씩 배워가자는 마음을 먹고 잠이 들었다.

건물을 구입하고 몇 달 후, 이랜드의 '후아유'에서 보증금 12억 원에 월세 2,400만 원에 1~2층에 입점하겠다고 제안해 왔다. 기존 피자집의 임대가는 보증금 2억에 월세가 1천만 원 조금 넘는 가격이었는데, 목이 좋고 권리금이 없었던 관계로 제안했던 것 같다. 건물 구입 후 1년도 안 되어 나와 공동투자자 김 사장의 투자금 10억 원이 일시에 회수된 것이다.

1년이 지난 후 임대가를 최초 구입시보다 높여 수익률이 크게 늘어났고, 이를 통해 제1금융권인 신한은행과 협상을 하여 저축은행에서 신한은행으로 40억 대출을 차환하였다.

건물투자 후 1년 만에 우리의 투자금이 모두 회수되었고, 건물 담보대출 40억 원을 저축은행에서 신한은행으로 바꾼 후 임대료 수입에서 신한은행 내출이자 비용을 차감하자, 매달 각자 1천만 원 정도의 수입을 가져갈 수 있었다. 그리고 5년 후 우리는 80억 원에 건물을 매각했다.

이를 간략히 정리해 보면 다음과 같다.

건물구입 비용   50억 원
은행대출액   40억 원
실투자 금액   10억 원 (나와 김 사장님 각각 5억 원씩)

1년 후 보증금 증액으로 10억 원 투자금 전액 회수, 즉, 1년 후 우리들의 실투자액은 제로$_{zero}$가 됨. 매달 총임대료 수입에서 은행이자 차감 후 각자 1천만 원의 수입을 가져감. 5년 후 80억 원에 매각함.

매각액   80억 원
매입액   50억 원
시세차익   30억 원
총 투자수익률   30억/50억 = 60%

순 투자수익률   30억/10억 = 300%

1년 후 각자 실 투자금액 5억 원 전액 회수 후 매달 순 임대수입 1천만 원

5년 후 매각 시 실투자금에 대한 투자수익률 =
30억/0 : 수익률은 무한대임

이때 깨달았다. 돈을 버는 게 이리 쉬운 것인지를. 첫 건물 투자에서 너무 쉽게 투자수익을 만들고 돈을 번 것이 솔직히 나도 믿어지지 않았다. 이리 쉬운 것을 왜 다른 사람들은 안 하는지 이해할 수 없었다.

건물투자의 햇병아리였던 나는 두려움이 없었고, 내가 잘나서 나의 비즈니스 모델이 성공한 것으로 생각하며 자만했다. 즉, 타인을 배려하지 못했다. 나만 잘나서 번 수익이 아닌데도 말이다.

두 번째 빌딩 구입과 부동산 관리

20대 후반에 개업 회계사의 세계로 들어섰을 때 나의 목표는 40살에 100억을 벌고 미국으로 1~2년 연수를 가는 것이었다. 또 50살에는 1천억 원을 벌고 60대에 1조 원을 만들어 일가를 이루는 것이었다.

어찌 보면 20대 후반에 사회에 나가서 꾸는 꿈으로는 황당하지만, 지금까지 나름대로 천천히 그 꿈을 이루어 가고 있다.

첫 건물 구입 후 6개월이 지나 이랜드 '후아유' 브랜드와 건물 1~2층의 입점 협의를 할 때 만난 이랜드 개발팀장이 돈암동 성신여대 로데오거리 대로변 입구에 있는 동선동 1-1 빌딩의 매매에 관한 정보를 나에게 알려주었다. 그 상권의 눈깔(노른자 땅)이라고 할 수 있는 건물이었다.

당시 부동산 개발팀장이 나에게 그 건물 매각에 대한 정보를 주면서 해준 말을 아직도 생생히 기억한다.

현재 내 첫 건물의 입점 협상에 대해서는 자기와 테

이블에 마주 앉아 이야기를 나눌 수 있으나, 대로변 국민은행 옆 동선동 1-1빌딩의 경우에는 입점 의향이 있는 신규 임차인들을 100m 정도 줄을 세울 수 있고, 임차할 의뢰인들을 무릎 꿇려서 협상할 수 있을 정도라고 말이다.

나는 그때 분명히 깨달았다. 상업용·수익용 빌딩의 선택에 있어서 가장 중요한 것은 상권의 목(위치)이라는 것을.

처음부터 A급 위치가 아닌 B급이나 C급 위치의 건물을 구입하면, 차후의 건물투자에서도 B나 C급의 빌딩만 구입할 확률이 높다.

그때 나는 앞에서 언급한 내 고등학교 동문회장이자 나의 첫 세무회계 거래처인 박 선배님과 회사의 법인세 신고시 세무 회계 결산과 세금 납부를 상담하기 위해 1년에 한 번 법인 결산 시즌에 맞춰 정기적인 미팅을 하고 있었다.

박 선배님의 회사를 방문해 법인 결산보고를 한 뒤 점심식사를 같이하던 날이었다. 나는 내 첫 건물의 구입과 이랜드 부동산 개발팀장님이 나에게 전달해 준 성북구 돈암동 성신여대 로데오거리 대로변에 위치한 핵심 건물 동선동 1-1 빌딩에 대하여 그에게 말해 주었다. 선배님은 내 이야기를 듣자마자 그날 저녁에 당장 건물을 한번 같이 보러 가면 안되겠냐고 했다.

당시 동선동 1-1번지 건물에는 SK의 '아이겐포스트'라는 의류 브랜드가 입점해 장사를 하고 있었다. 건물의 매가는 50억 정도였고, 건물을 구입하기 위한 실투자액은 9~10억 원 정도가 필요했다.

나는 그에게 제안했다.

"선배님, 저는 최소 제 지분이 50%이어야, 이 건물에 투자하고 건물의 관리를 할 수 있습니다. 그런데 얼마 전 제 첫 건물을 구입하는 데 자금을 사용해서 50% 지분으로 건물을 구입하려면 2억 원 정도의 자금이 부족합니다."

박 선배님은 바로 나에게 이렇게 말했다.

"내가 건물 구입 시에 2억 원을 빌려줄 테니 1년 후에 갚는다는 차용증을 써서 나에게 줘."

건물 앞에서 그가 나에게 이런 말을 하기까지는 채 5분도 걸리지 않았던 것 같다. 나는 그의 제안을 흔쾌히 받아들이고, 내 두 번째 건물의 매입을 그와 함께 5:5 지분으로 진행했다. 건물을 계약할 때 계약금 4억 원을 지불하고 두 달 후 중도금 4억 원을, 나머지 잔금은 소유권 이전 시 지불하는 계약이었다.

각각 2억 원씩 계약금 4억 원을 지불한 후 중도금 지불 날짜가 다가왔을 때, 내 첫 건물의 임차인을 이랜드에서 후아유 등으로 변경하는 과정에서 기존 임차인의 임대보증금을 돌려주어야 하는 타임 디퍼런스Time Difference가 발생했다. 이는 기존 보증금을 지불하고 신규 임차인에게 새로운 임대보증금을 받을 때까지 시간차가 생기는 현상을 말한다.

일단 건물을 구입했더라도 신규 임차인을 찾아서 새롭게 보증금을 받기 전에 기존 임대보증금을 돌려주어야 하는데, 이는 건물 구입시 고려해야 하는 위험으로 보증금을 반환하고 신규 보증금을 받을 때까지 생기는 차액의 여유자금은 준비해 놓아야 하는 것을 말한다.

나는 그 시점에서 두 번째 건물의 50% 지분의 중도금과 잔금을 지불하기가 버거운 상황이었다. 그래서 생각했다. 이렇게 자금 압박을 받는 것이 힘들 바에는 박 선배에게 내 지분 전부를 양도하고, 계약 시 내가 지불했던 나의 건물 계약금을 돌려받자고. 아직 잔금 지급 전이라 소유권 이전 시 박 선배가 지분 100%를 가져가도 문제가 없었기 때문이다.

나는 누구나 보아도 좋은 물건의 지분을 그에게 100% 다 줄 테니 욕을 먹지 않을 것 같았고, 돈도 없어 선배에게 빌려서 투자하는데 내가 지분 50%를 가져가는 것이 미안하기도 했다.

중도금 지급 전 박 선배에게 건물 계약 시 내가 지불한 계약금을 나에게 돌려주고 건물 지분 100% 모두를 가져가라고 선의로 말을 꺼냈다. 하지만, 돌아온 답변은 내 예상을 빗나갔다.

그는 "내가 널 믿고 들어갔는데 이제와서 네가 뺀다

고 하면 어떡하냐"며 굉장히 크게 화를 냈다. 나는 자금의 일시적인 어려움이 있어 선의로 말씀드린 건데…. 나는 예정대로 건물의 소유권 50%를 가지고 왔다.

두 번째 건물의 소유권 이전 후 1년이 지나 건물의 증액된 임대보증금으로 빌린 차입금을 모두 갚았을 때, 선배님은 말씀은 안 하셨지만, 그때 내 제안을 받지 않은 것을 후회하는 것 같았다.

오히려 나는 내 두 번째 건물인 성신여대 로데오 거리의 핵심 눈깔인 1-1빌딩, SK아이겐포스트가 입점한 건물의 50% 지분을 2억 원을 가지고 획득했던 것이다.

아버지께 파이를 나누어드리다

두 번째 건물을 구입하고 얼마 지나지 않아 건물의 관리소장을 바꾸어야 했다. 건물 두 채의 거리가 도보 1분 정도의 거리로 매우 가깝고, 공동 소유주 두 분 모두 내 세무회계 사무소의 고객들이므로, 건물을 구입한 후 내가 건물의 세무회계관리 뿐 아니라 임대 및 시설관리까지 하여야 했기 때문이다.

나는 회계법인에 입사한 이후로 그때까지 부모님께 용돈 이외의 정기적인 생활비를 드리지 않고 있었다. 나는 파이를 키워 나누어 드릴 수 있을 때까지 부모님이 살아 계시기를 기도했었다.

두 번째 건물 구입 후 이제 파이를 나누어 드릴 때가 되었다는 생각이 들었다. 그때 아버지는 법인 택시 운전사 일을 그만두시고, 국산 신규차의 탁송 배달일을 하시며 생계를 꾸리고 계셨다.

나는 아버지를 뵙고 "아버지, 돈암동 쪽에 건물 두 채를 구입했는데 아버지가 내 건물의 관리소장을 맡아 주시면 월급으로 매달 200만 원을 드릴게요. 그리고 그 두 건물 중 한 채를 팔면 어머님과 아버님께 아파트를 사드리겠습니다."라고 말씀드렸다. 단, 건물주 아버지라는 사실을 임차인과 지역 부동산에는 비밀로 해 달라고 당부드렸다.

아버지는 내 제안을 승낙하셨고, 난 다음 날 오전 10시까지 종로의 내 세무회계 사무소로 오시라고 말씀드렸다.

다음 날 출근해 오전 10시경에 사무실에서 아버지와 함께 김 이사를 만났다. 그는 내 첫 번째와 두 번째 건물의 구입을 도와주고 두 건물의 임대차를 관리해주는 건물 임대관리인이었다.

나는 김 이사에게 새로운 건물의 관리소장님이시니, 성북구 돈암동으로 가서 건물 관리소장의 인수인계 업무를 맡아달라고 전했다.

김 이사는 오전 10시에 아버지와 같이 건물 현장으로 가서 한 시간쯤 후에 종로의 내 회계사무소로 돌아오더니 나에게 이렇게 말했다.

"회계사님, 새로운 관리소장님이 너무 연세가 많으셔서 관리소장을 맡기긴 어려울 것 같습니다. 새로운 관리소장님을 다시 뽑으시죠?"

나는 그에게 말했다.

"걱정 말고 관리소장님께 인수인계 해주시길 부탁합니다."

그로부터 보름이 흐른 뒤, 김 이사님은 종로사무실로 나를 다시 찾아와 이렇게 말했다.

"새로운 관리소장님이 회계사님 아버님이시라면서요?"

나는 당황해서 그에게 물었다.

"누가 그런 말을 합니까?"

그는 "건물의 임차인들과 그 지역 부동산 중개인들이 모두 저에게 관리소장님이 건물주 아버님이시라고 말씀하시는데요."라고 말했다.

나는 할 말이 없었다.

그가 돌아간 후 난 아버지께 전화를 드렸다. 왜 나와의 약속을 지키시지 않고 임차인들과 지역 부동산 중개인들에게 건물주 아버지라는 것을 말씀하셨는지 묻기 위해서. 그런데 아버지는 "네가 나에게 건물주 아버지라고 말한 걸 따지면 당장 관리소장일을 그만두겠다."고 말씀하셨다.

드릴 말씀이 없었던 나는 그냥 조용히 전화를 끊어야 했다.

40대 초반에 총자산 100억을 만들고 홍대에 빌딩을 구입하다

40대 초반에 총자산 100억 원을 만들고 미국으로 유학 연수를 가겠다는 나의 20대 후반 개업 회계사일 때의 꿈은 멀지않아 현실이 되었다.

대치동 학부모였던 내 주변에서는, 아이들의 친구들이 초등학교 때 해외에 거주하는 친지나 지인들의 도움으로 유학을 떠나고 있었다. 나처럼 흙수저 출신에 주변으로부터 유학 관련 도움을 받을 수 없는 입장에서는 부모가 직접 알아봐 움직일 수밖에 없었다.

먼저 아내에게 "내가 한국에 남아 기러기 아빠가 될 테니 네가 아이들을 데리고 미국으로 유학을 떠나라"고 했다.

하지만 아내는 본인 혼자서는 아이들을 데리고 미국으로 떠나지 못하겠다고 했다.

아이들의 미국 유학을 위해 어쩔 수 없이, 당시 법무법인 김앤장에 근무하던 후배 변호사의 미국 연수에 숟가락을 얹을 수밖에 없었다. 지금은 정치인이 된 후배 변호사와 나는 미국 워싱턴 DC에 있는 조지 워싱턴George Washington University 대학의 방문 연구원Visiting Scholar 과정으로 미국 비자를 받았고, 그렇게 두 가족이 함께 미국행 비행기에 오르게 되었다. 20대 젊은 개업회계사로서 '40대 초에 100억 원을 만들고 미국으로 연수를 가겠다'는 꿈이 자천이든 타천이든 이루어진 것이다.

미국 조지 워싱턴 대학의 방문 연구원으로 한 학기를 마친 여름방학 무렵, 한국에서 내가 투자한 건물이 매각되었다는 소식을 들었다. 건물 매각에 관련된 일을 위해 가족을 미국에 두고 방학 때 혼자 한국에 들어왔다.

건물의 매각대금을 받은 후, 나는 내 건물을 관리하고 있던 김 이사에게 무조건 홍대 근처의 건물을 찾아봐 달라고 부탁했다. 홍대가 한참 떠오르고 있었고, 외국인 관광객들이 한국에 많이 들어오고 있을 때였다. 하지만 무엇보다, 과거에 서교 시장에서 좌판을 깔고 야채 노점상을 하던 처가가 홍대에 있었고, 대학교 때 그 지역의 중고등학생 애들 과외도 많이 했기 때문에 여러모로 홍대는 나에게 익숙한 곳이었다. 근처의 상권 흐름도 잘 알고 있었다.

방학이 끝나갈 무렵, 학업을 위해 미국으로 돌아가야 할 시기가 며칠 안 남은 시점이었다. 강남의 호텔에 혼자 머물고 있던 나에게 밤 아홉 시쯤 김 이사로부터 전화가 왔다.

"회계사님, 홍대 근처 좋은 위치에 건물이 나왔습니다. 잠깐 와서 보실 수 있으세요?"

난 두말없이 당장 홍대로 달려갔다. 처음 건물을 본

순간, 건물이 예쁘고 위치도 좋은 데다가 특히 엘리베이터가 마음에 들었다. 전두환 전 대통령의 아들 전재국 씨가 홍대 북카페로 사용했다가 미국 변호사인 현 건물주에게 양도해 클럽으로 신축된 건물이었다.

당시 건물주인 미국 변호사는 클럽 용도로 건물을 신축해 엠넷에 방송 공간으로 대여하며 클럽과 엔터테인먼트 사업을 병행하고 있었는데, 사업자금의 압박으로 건물을 매각하려 하는 것 같았다.

김 이사에게 건물의 매매가격을 물으니 150억 원에 나와 있다고 했다. 건물 앞에서 잠시 생각하던 나는 김 이사에게 이렇게 이야기했다.

"130억 원이면 바로 계약하겠다고 하세요. 며칠 후에는 제가 미국으로 가니까 그 이후에는 계약이 어려울 겁니다."

매매가격에서 20억 원을 깎아서 말한 것이다. 솔직히 그 금액이 내가 지불할 수 있는 최대치였다. 그날 밤 호텔로 들어와 잠이 들었다. 다음 날 오후 3시쯤 김 이사로부터 전화가 왔다.

"회계사님, 130억 원에 계약하겠답니다."

나는 그 즉시 당시 내 주거래은행이었던 신한은행의 임 부지점장님께 전화를 걸어 퇴근 후 홍대 건물 앞에서 보자고 했다. 그날 저녁, 홍대 건물 앞에서 만난 임 부지점장님에게 나는 건물 계약을 위해 85억 원의 대출을 요청했다. 임 부지점장님은 날 한번 힐끗 보시더니 내 어깨를 툭 치며 "계약해. 대출은 내가 해줄게."라고 말했다.

나는 다음 날 홍대 건물을 계약하고 미국으로 떠났다.

엔터테인먼트 회사와 마스크 팩 회사의 매수 제안

나의 첫 홍대 건물은 홍대 주변 상권의 정중앙에 있고 땅면적이 300평이 넘으며 지하클럽의 메인 층고가 8m가 넘는 관계로 건물 구입 후 몇 년에 한 번씩 매수 제안이 있었다. 한국에서 누구나 다 아는 강남의 엔터테인먼트 회사에서 공연장과 사옥으로 사용하겠다는 제안이 있었으며, 유명 연예인이 광고하는 마스크 팩 등의 화장품회사가 상장한 후 450억 원에 사옥 겸 홍대 매장으로 매수하겠다는 제안도 해왔다.

회사들로부터 건물의 매수 제안서가 도착할 때마다 나는 고민에 빠졌다. 아내와도 상의해보았고, 내 주거래은행과도 상의했다.

은행에서는 매각대금을 관리하기 위한 전용 투자계좌를 만들어 주겠다고 했지만, 양도소득세만 100억 원이 넘고 건물을 팔면 다시 살 건데 왜 세금을 100억 원 넘게 납부하냐는 의견이 많았다. 일주일 정도 고민 끝에 그들이 제시한 가격의 10%를 업$_{up}$해서 다시 제안을 했고, 계약은 이루어지지 않았다.

만약 그때 내가 그들이 매수의향서에 제시한 가격을 받고 나의 첫 홍대 건물을 매각하였다면 어떻게 되었을까?

내 주변에는 IT기업을 설립한 후 매각$_{Exit}$한 분이나,

가지고 있던 부동산을 매각한 후 금융기관에 받은 돈을 넣어 놓고 골프 등의 취미 활동을 하며 세계여행을 하고 사시는 분들이 있다. 인생의 모든 것을 끝내고 은퇴 후 남은 생을 특별한 목표 없이 타인의 시선을 의식하지 않고 즐기며 사는 삶, 누구나 은퇴 후 꿈꾸는 삶이다.

하지만 난 그분들이 엑싯 후 즐기면서 살아가는 삶이 썩 좋아 보이지 않았다. 그러기에는 내가 너무 젊었고 가야 할 인생의 목표가 있었으며, 가진 꿈이 많았다. 가끔 그때 홍대 건물을 매각하지 않은 것을 후회하기도 하지만, 아직도 난 꿈꾸고 있고 앞으로 10년 이상은 내가 젊은 회계사로 꿈꾸었던 이 사회와 국가를 위한 윈윈 게임을 더 해보고 싶다.

부모님께 아파트를 사드리다

홍대 건물의 잔금을 치른 후, 돈암동에 관리소장으로

계시는 아버지를 차로 모시고 홍대 건물로 처음 올 때였다. 나는 그전에 아버지에게 돈암동 성신여대 로데오 건물들의 관리소장을 맡기면서 약속드린 것이 있었다. 아버님이 관리하시는 건물 두 채 중 하나를 팔면 사실 집을 사 드린다는 것이었다. 나는 홍대로 가는 차 안에서 아버지에게 말씀드렸다.

"아버지 미안합니다. 제가 건물을 팔았는데, 홍대 건물을 사는데 모든 돈을 넣었기 때문에 지금은 부모님이 사실 집을 사드릴 수 없습니다. 1년만 건물 관리소장을 맡으면서 수고해 주시면 제가 1년 후에 꼭 집을 사드릴게요."

나는 1년이 지난 후 부모님께 아파트를 사 드렸다. 지금도 아버지는 그 홍대 건물의 관리소장을 하고 계시며, 홍대에 내가 건물을 몇 개 가지고 있는 관계로 주변 분들에게는 회장님으로 불리신다. 아버지는 오늘도 매일 건물들 관리를 하며 본인 운동을 위해 홍대로 나오셔서 홍대 주변을 산책하신다.

세일즈&리스 백 조건으로 건물을 구입하다

난 지금까지 7개의 건물을 구입했다. 그중 3개의 건물을 매각하여 현재는 4개의 건물을 가지고 있다. 그중 두 번은 세일즈 & 리스 백Sales & Lease Back 조건으로 구입한 것이었다. 즉, 전 건물주가 건물을 매각한 후 다시 그 건물의 공간을 임차하는 조건으로 건물을 매각하는 것이다.

세일즈 & 리스 백 조건으로 건물을 매각하는 이유는 건물의 임대 수입이 좋고 꼭 그 건물의 공간을 사용하고 싶으나 매각자금이 필요하여 임대로 전환해야 할 때, 매도인이 매각 시에 제시하는 조건이다. 기존의 건물주가 매각을 위해 임대조건을 시장가격보다 높이 책정하는 관계로 초기 투자 금액에 대한 부담이 줄어든다.

건물의 매매가는 미래의 임대 수입으로 평가·측정되는데, 자금 압박이나 필요에 따라 빠른 매각이 필요힌 때, 기존 건물주는 그들이 매각 후 사용할 임대 공간에 대해 높은 임대료를 책정하기 때문이다.

예를 들어보자.

매매가격을 100억 원으로 만들기 위해 평균수익률(이자율)을 4%로 가정해 보면 다음의 계산이 나온다. (임대보증금은 10억 원이고, 월 임대료는 3천만 원이라고 가정한다.)

(1) 임대보증금 1,000,000,000원(10억 원)

(2) 월 임대료의 보증금 환산액
9,000,000,000원(90억 원)
월 임대료 30,000,000원(3천만 원) × 12개월 = 360,000,000(3억 6천만 원) / 4%

(3) 건물매매 가격 (수익률 4% 로 가정시)(1 + 2)
10,000,000,000원(100억 원)

이를 간단히 요약하면,

90억 원의 예금을 은행에 넣을 때 은행에서 받는 이자율이 4%라면 1년 이자 수입은 9,000,000,000(90억 원) × 0.04(4%)= 360,000,000원(3억 6천만 원)이다.

90억 원을 1년에 4%의 이자 수입으로 은행에 넣으며 받는 이자 수입이 3억 6천만 원으로 1년 치 임대료와 일치하고, 여기에 임대보증금 10억 원을 무이자로 임대인(건물주)이 사용하므로, 임대수익률을 4%로 가정했을 때 건물의 가치는 다음과 같다.

(1) 월세수입의 건물가치 9,000,000,000

(90억 원×4%(0.04)=360,000,000원)

(1년치 임대료)

(2) 임대보증금의 가치 1,000,000,000(10억 원)

(3) 건물가격(1+2) 10,000,000,000(100억 원)

즉, 세일즈 & 리스 백 조건으로 좀 더 높은 가격으로 빨리 매각시키기 위해서는 매각 후 임대조건인 임대보증금 10억 원과 매월 임대료 3천만 원을 높이면 되고, 매각 시 매수인의 초기 투자자금이 부족하다면 계약 조건으로 임대보증금을 높여서 매수인의 부담을 줄이므로 매각이 수월해지는 것이다.

이러한 조건에서는 기존의 건물주가 매각 후 재임대하는 계약 조건을 세심히 따져봐야 한다. 건물 매각을 위해 주변 시세보다 가격을 높게, 재임대 기간을 짧게 제시하는 경우가 많기 때문이다.

위에서는 건물 매매가격의 결정을 수학적 수치로 계산·평가해 보았지만, 실제 세일즈 & 리스 백 조건으로 건물 매입 시 항상 기존의 건물주(매각 후 임차인)와 새로운 건물주(임대인 또는 매수자) 사이에는 감정적인 충돌이 발생한다.

생각해 보면, 전에는 주인이 없던 사람이 갑자기 임차인이 되어서 새로운 주인의 간섭을 받는 게 기분 좋은 일은 아닐 것이다. 갑이 을의 입장으로 바뀌었기 때문이다. 내가 주인일 때는 마음대로 건물을 사용하고, 공간도 변경했었는데 갑자기 새로운 주인에게 이 모든 것을 허락받아야 하기 때문이다. 두 번이나 이러한 조건으로 건물을 구입해 본 입장으로써, 이는 초보자에게 추천하고 싶지 않은 모델이다.

어쨌든, 나는 홍대의 첫 건물을 전 주인이 클럽을 임대하여 계속 사용하는 조건으로 구입하였다. 하지만 같은 공간에 신구권력이 동거할 수는 없는 것이다. 신구권력은 항상 모든 일에 충돌이 일어날 수밖에 없기 때문이다. 나도 마찬가지로 전 건물주인 클럽의 임차인과 충돌이 발생했고 건물 구입 후 얼마 지나지 않아 지하클럽을 명도할 수밖에 없었다.

홍대 클럽 코쿤의 건물주가 되다

전 건물주와의 지하클럽의 임대차계약을 종료한 후 강남의 엔터테인먼트 회사나 강남 클럽의 운영자 등으로부터 임대차 조건을 협의하고 있을 때였다. 아침에 종로의 회계 사무소로 출근을 했는데, 머리를 빡빡 밀고 눈은 충혈된 건장한 남자가 사무실에서 나를 기다리고 있었다. 사무실 직원들에게 누구시냐고 물으니, 사무실을 오픈하기 전부터 와서 나를 찾으며 계속 기다렸다는 것이었다. 직원에게 그 머리를 빡빡 밀고 충혈된 눈으로 찾아온 남자분을 내 방으로 모시라 했다.

그는 나를 보더니, 대전에서 클럽을 운영하는데 그 전날 클럽 운영을 위해 밤을 새고 아침 일찍 나를 보기 위해 기차를 타고 왔다고 했다. 며칠 전 홍대에 왔었는데 내 건물의 클럽 자리가 비어있는 것을 보고 꼭 본인이 임차를 하고 싶다는 것이었다. 그는 건물이 지어질 때부터 보았고, 클럽 박스가 너무 좋아 자기가 꼭 운영을 해보고 싶다고 했다.

그가 한때 홍대 클럽을 평정했던 클럽 코쿤의 빡빡머리 김 사장님이다.

그날은 이미 지하클럽에 대한 임대차 협의가 마무리되어 가고 있는 관계로, 나는 "조만간 계약이 이루어질 것이다. 좀 늦은 것 같다. 다른 장소를 알아보시라"며 그를 돌려보냈다.

다음 날 아침 사무실에 출근하니, 김 사장이 양복을 정중하게 갖추어 입은 남자 두 명과 나를 기다리고 있었다. 대전에서 나이트클럽을 한다는 양복 입은 남자분들은 나에게 김 사장이 성실하고 착하며 영업을 너무 잘하는 젊은 청년이라고 말해주었다. 그들이 보증할 테니 꼭 이 친구에게 임대차계약을 해달라면서 말이다.

그때 처음으로 머리를 빡빡 민 김 사장의 눈을 보았다. 눈에서 힘이 느껴졌다. 순간, '아, 이 친구는 성공하겠구나' 하는 느낌이 왔다. 다음날 나는 그와 지하클럽에 대한 임대차계약을 했고, 그 클럽이 홍대 코쿤이다.

머지않아 지하 클럽 및 건물에서 받은 임대료로 은행 이자를 제하고 매월 1억 원 정도의 정기적금을 넣을 수 있었다. 임대료도 잘 들어오고 시간은 넘쳐났다. 누구나 꿈꾸는 아무 걱정 없는 행복한 삶이 이어지는 것 같았다.

부동산 투자에 대한 갈증으로
건대 부동산 대학원에 입학하다

그때 1년에 3개월 이상은 해외에 있었다. 밴쿠버, 런던, 남프랑스, 더블린, 파리, 오스트리아, 뉴질랜드에서 한 달씩 머물며 가족과 전망 좋은 최고급 호텔이나 에어비엔비에서 묵었다. 그러한 삶이 얼마나 행복한지, 또 얼마나 지루한지 느껴봤던 시간이었다.

그렇게 한 달에 한 시간만 일해도 되는 삶이 흘러갔다. 갑자기 무언가 사라진 느낌이 들었다. 항상 앞만 보고 달려왔던 내 인생에서 다음 목표를 상실한 느낌이었다. 밤에 잠을 자려고 누운 어느 날, 갑자기 등골이 오싹하면서 이런 생각이 스쳐 지나갔다.

'내 인생이 이렇게 끝난 걸까? 이제 남은 나의 인생은 임대업자로 끝나는 건가? 내가 원하는 삶은 이게 아닌데!'

젊은 내게는 아직 꿈이 있다고 생각했고, 이 사회를 위해 기여할 수 있는 무언가를 찾고 싶었다.

그러기 위해서는 먼저 내가 모르는 새로운 부동산 투자 및 관리의 방법을 체계적으로 배울 곳을 찾아야겠다는 생각이 들었다. 그래서 선택한 곳이 건대 부동산대학원이었다.

나는 남은 인생을 임대업자로서 예측 가능한 삶을 살고 싶지 않았던 것이다.

처음으로 내 건물을 짓다

처음 건물을 살 때 나는, 먼저 내가 구입하고 싶은 라인을 정한다. 각 상권에서 내가 가지고 싶은 건물이 존재하는 상권 라인을 확정하고, 그 지역의 부동산 사무소에 들어가 내가 사고 싶은 건물의 라인을 알려준다. 그리고 명함을 주면서 내가 알려준 라인에 건물의 매각이 나오면 바로 연락해 달라고 요청한다. 그러면서 나는 의사결정이 빠르므로 건물의 구입 여부를 1~2일 안에 바로 확정해 주겠다고 덧붙인다.

강남의 기획 부동산들은 보통 인터넷 포털에 광고로 나와 있는 건물의 매매 정보를 확인하고 매수자를 붙여서 지역 부동산과 공동 중개를 하던지 지역 부동산을 배제하고 직접 건물주와 연결을 시도하여 건물 매각을 진행한다. 이미 인터넷 포털에 나와 있는 물건을 가지고 매수자를 붙이고 작업을 하는 관계로 그 지역의 부동산 중개인은 강남의 기획 부동산 업체들을 싫어한다. 중간 과정에서 매수자나 매도자 지역 부동산의 뒤통수를 치는 경우가 많기 때문이다.

따라서 건물이나 수익용 부동산을 매입하려고 하는 분들은 꼭 그 물건(빌딩 등)이 존재하는 근처의 부동산에 들려서 본인이 구입할 물건의 매각 히스토리(연력)를 확인하시길 바란다. 나도 내가 구입하고 싶은 상권에서 매수를 원하는 건물들의 라인을 확정하고 그 지역 부동산 중개업소에 그 라인 안의 건물을 살 거니까 매매 가능한 건물(수익용 부동산)이 나오면 알려 달라고 부탁한다.

건대 부동산대학원 졸업 후엔 좋은 동기들과 선후배들과 졸업 후 지속적인 관계를 맺고 싶어서 매월 라운딩하는 골프 모임을 만들었다. 정례 골프 모임 후 뒤풀이를 하고 있던 어느 날, 내가 구입하고 싶은 라인을 알려주었던 부동산 중 한 군데에서 전화가 왔다.

"회계사님, 원하시는 라인에 괜찮은 건물이 나왔습니다."

나는 그에게 건물의 지번을 보내달라고 했다. 건물

지번을 받아보니 괜찮은 위치였다. 건축물이 일조권의 제한을 받지 않아 높이 제한도 적용되지 않았다. 일단 알겠다고 하고, 내일 현장에서 만나자 했다.

다음날 홍대 전철역 근처 걷고 싶은 거리 초입의 광장 앞에서 건물을 보았다. 홍대에서 선거 유세를 하거나 대규모 버스킹을 하는 광장 앞에 있는 건물이었다. 세월의 흔적이 묻어나는 허름한 빨강 벽돌의 다세대 빌딩으로, 1~2층은 횟집, 3~4층은 다세대 주택이었다. 1층 횟집 옆에 차 한 대를 댈 수 있는 주차장 부지는 와플을 판매하는 조그마한 장소로, 무허가 영업을 하고 있었다.

해당 건물은 건물주가 사망해 상속하게 되었는데, 1층 횟집은 상속인의 딸 부부가 영업을 하고 있었으며, 3~4층 주택은 돌아가신 건물주의 미망인 할머님이 거주하며 남은 부분을 주택으로 임대하고 있었다. 횟집을 운영하는 딸을 제외한 막내아들과 나머지 딸들은 임대 수입도 받지 못하는 상황에서 상속세까지 부담해야 했으므로 매각이 급해 보였다.

부동산을 통해서 그들이 나에게 제시한 매매가격은 80억 원이었다. 나는 그 자리에서 70억 원이면 바로 계약하겠다고 통보했다. 당시 상태는 다세대 상가주택으로 허름했으나, 신축하면 좋은 모양이 나올 것 같았기 때문이었다.

다음날 부동산에서 72억 원이면 매각하겠다는 전화가 왔다. 결국 건물은 71억 2천5백만 원에 나와 계약이 되었다. 주차장 1~2평 가량을 무허가로 사용하며 와플을 판매하고 있는 임차인이 걸렸으나, 법적으로 처리하면 문제가 없을 것 같아 계약을 진행했다.

건물을 구입하다 보면 정말 좋은 상권과 위치에 있는 건물이 갑자기 매매로 나오는 경우가 있다. 이 경우 십중팔구는 건물주의 갑작스러운 사망 후 발생하는 거액의 상속세 때문인 경우가 많다. 세법에서는 피상속인(사망인) 사망 후 재산을 물려받는 상속인은 6개월 이내에 상속재산을 평가하여 상속세를 납부해야 한다.

상속세의 최고세율은 50%이므로 피상속인이 상속재

산이나 상속세의 부담을 미리 준비하지 않는 한, 상속인들은 상속세 납부를 위해 건물을 매각할 수밖에 없는 경우가 많다. 특히 건물이나 상속 재산이 클수록 어쩔 수 없이 매각이 이루어질 수밖에 없는 구조가 된다. 강남이나 홍대 등 목 좋은 자리의 건물들 손바뀜의 대부분은 상속과 연관 있다고 보면 될 것이다. 그래서 나이 드신 분들이 소유한 빌딩이나 건물 등의 수익용 부동산만을 눈여겨보는 부동산 매수 희망자들도 많다.

이 건물도 마찬가지로 상속세 납부에 대한 부담과 자제분 네 명의 재산 싸움 때문에 건물이 급하게 매매로 나온 경우였다. 매도인들의 계약 조건은 계약금 10억 원을 1억 원짜리 수표로 준비해 달라는 것이었다. 건물의 매매계약을 위해 부동산 사무실에 도착했을 때, 어머님을 포함한 매도인 가족 4남매 부부들 모두가 나를 기다리고 있었다. 좋지 않은 말들이 오가고 있었고, 서로 눈조차 마주치지 않았다. 남편을 잃은 미망인 할머님만 한쪽 구석에 아무 말 없이 축 처져 계셨다.

나는 건물 계약서에 매도인 5명의 도장과 내 도장을 찍으면서 계약금 10억 원을 한 분 한 분에게 2억 원씩 수표로 드렸다. 수표를 받자마자 그들은 뒤도 돌아보지 않고 인사도 없이 부동산 사무실을 빠져나갔다.

마지막으로 미망인 할머님께 수표 2억 원을 드리면서 "고맙습니다."라고 말씀을 드리니 눈물을 훔치셨다. 할머님은 남편분과 40여 년 전에 이 건물을 짓고 4남매를 모두 여기서 키웠는데 남편이 떠나니까 자식들도 다 부질없다며 자리를 뜨셨다.

그 뒷모습을 보면서 나는 미리미리 재산을 정리해서 내가 죽고 나서 이런 콩가루 집안의 풍경을 남에게 보여주지는 말아야겠다는 생각이 들었다. 이 책이 완성된 후 나중에 시간이 된다면 건물이나 부동산의 사전 상속에 대한 내용의 책을 쓰고 싶은 이유다.

홍대 M플레이그라운드의 건물주가 되다

이후 나는 항상 하던 대로 건물의 계약금을 지불하고 중도금을 생략하고 잔금 날 소유권을 이전하는 매매계약서를 체결하였다. 그런데 부동산 매매계약 후 2주도 안 되어 소유권도 아직 이전하지 않은 상태에서 갑자기 의류 판매 업체인 홍대의 M플레이그라운드로부터 전화가 왔다.

건물의 임대를 위한 계약금을 지불하겠으니 본인들의 판매 목적에 맞는 건물을 신축해 달라는 것이었다. 소유권 이전도 하지 않고 계약금 10억 원만 지불한 상태에서 받은 제안으로는 황당했지만, 일단 만나러 오시라 했다.

홍대에서 처음 매장을 시작한 M플레이그라운드 김 대표님은 젊은 청년으로 눈에서 광채가 났다. 누가 봐도 매력 있는 친구였다. 그는 나에게 임대차 계약금 2억 원을 당장 지급하겠다며 본인 회사의 판매 목적에 맞는 사옥 겸 판매 매장으로 건물을 지어 달라고 요청했다. 건물의 계약금만 지불한 채, 아직 잔금을 못 치르고 소유권도 이

전받지 못한 나에게 말이다.

계약 조건은 임대보증금 6억 원에 매월 임대료 4천만 원이었다. 일단 임대보증금 2억 원을 받고, 나머지 4억 원은 건물 신축과정에서 나누어 받기로 하였다.

건물의 공사비용은 내부 인테리어와 건물의 외관공사가 많은 부분을 차지하는데, 지하를 파고 건물의 뼈대만 갖춘 건물의 외형만 지어 놓으면 임차인 M플레이그라운드가 그들의 임대 목적에 맞게 외관과 내부 인테리어 공사를 모두 알아서 할 것이므로 건물 신축 시 마감공사 비용을 절감할 수 있었다.

건물의 공사비는 임대차계약시 M플레이그라운드로부터 받을 임대보증금 6억 원으로 가능할 것 같았다. 나는 임대보증금 6억 원으로 건물의 외관을 지어 M플레이그라운드에 임대를 주었다. 누구나 봐도 탐나는 멋진 건물이 홍대 전철역 근처 걷고 싶은 거리 초입 버스킹 광장에 만들어진 것이다.

한편, 내가 건물 신축 시에 너무 쉽게 생각해 놓친 부분은 매입한 구건물 1층 좌편 주차장 부지에 무허가 영업을 하고 있던 와플 집이었다. 난 무허가 건물이고 영업허가증도 없이 와플을 제조하여 파는 행위가 불법이므로 명도가 쉬울 것으로 생각했다. 그래서 내 부동산 관리인에게 명도 소송을 진행하라 했다.

물론 법적으로 당연히 주차장 부지의 와플 영업 공간을 명도시키고 철거할 수 있다. 그러나 법에 호소하면 최소 6개월에서 1년 이상의 기한이 소요될 수밖에 없으므로, 내가 생각하는 이주비(이사비)를 3천만 원 책정하여 세입자에게 지불하겠다고 통보하였다. 그러나 세입자는 이사비로 1억 5천만 원을 요구하였고 끝내는 감정싸움까지 갔다.

내가 지금까지 부동산을 사고팔면서 얻은 교훈이 있다. 법보다 상대방의 감정에 호소하고 그들과의 공감 능력을 끄집어내어서 내가 당장 손해를 보더라도 서로 수긍할 수 있는 합리적인 해결 방안을 만들어 내야 한다는 것이다.

결론적으로 이사비 5천만 원으로 명도가 이루어졌지만, 내가 중간에 부동산업자를 끼지 않고 직접 1층 와플 세입자와 그의 상황을 이해하며 따뜻하게 접근했더라면, 서로의 감정이 다치지 않고 1층 주차장 불법 영업장소의 철거와 건물 신축이 좀 더 빨리 이루어질 수 있었을 것 같다.

건물을 신축하기 위해서는 건물을 설계하는 건축사와 건물을 지어주는 건축회사가 필요하다. 내가 건물의 신축 시 강조하고 싶은 것은 건축사를 선택하는 방법이다.

시장에 막 나와 있는 기존의 건축 도면을 그대로 카피를 떠서 건축회사가 건물을 짓기는 쉽다. 특히 건축회사가 건축사까지 대동하여 건물을 지을 때는 더욱더 그렇다. 그리고 이럴 때 건축주(건물을 짓는 건물의 주인)는 건축의 시공이나 감리과정을 통제하기가 어렵게 된다. 건물의 건축계약 전에는 갑의 위치에 있다가 건물의 건축계약서를 작성하고 계약금이 건설회사에 들어가는 순간 을의 위치로 바뀌는 것이다. '땅을 팠는데 돌이 나왔다, 옆 건물에서 민

원을 제기한다, 자재비용이 올랐다'며 추가적인 비용을 요구하는 경우가 비일비재하다.

이때 중심을 잡아주는 사람이 건축주인 내가 선택한 믿을만한 건축사다. 그의 설계를 기준으로 건축설계 계약을 했고, 이후 건축사가 건물의 시공을 관리·감독해 나가기 때문이다. 즉, 내가 건축사가 설계한 도면을 선택해서 그와 건축 설계 계약을 하면 이를 기준으로 건축회사로부터 건축 공사비용 내역을 제출받는다.

건축주와 건물을 시공하는 건설회사가 사사건건 부딪힐때, 건축사는 내 편(건축주)에서 건물의 건축 과정을 감리하고 관리하는 존재가 된다. 때문에 건물의 신축 시 정말 나와 맘이 맞는 건축사를 찾을 수 있다면 나는 건축 시공의 50% 이상을 끝낸 것으로 본다.

나는 내 대학 선배인 최 건축사님을 소개받아 큰 불편 없이 무탈하게 건물을 완공하였다. 건물 건축 과정에서 그의 꼼꼼함과 쉬운 길로 타협하지 않는 성격에 마음고생도 있었지만, 그는 "내가 있으니까 편하게 가는 거다"라며 건축 과정에서 든든한 우군으로 중심을 잡아주셨다.

그가 건물을 준공함과 동시에 홍대 M플레이그라운드의 김대표님이 건물을 임차하여 멋있게 내·외부의 인테리어를 해주었고, 현재는 홍대 전철역 걷고 싶은 거리 초입 광장 앞의 노출 좋은 건물로 홍대에서 누구나 아는 빌딩으로 사랑받고 있다.

공인중개사 자격증을 따다

빌딩을 구입한 후의 관리 문제는 크게 3가지로 나누어진다. 첫째는 세무와 회계 관리이며, 둘째는 엘리베이터 등 기계설비 관리 및 청소이고, 셋째는 임대료나 임차인들의 임대차 관리 문제다.

특히 수익용 부동산인 빌딩을 구입한 후 건물주들이 어려움을 겪으며 힘들어하는 것이 임대차 관리라고 본다. 구입한 건물의 주변 임대 시세와 향후 임대가격의 변화를 예측하여 임대가를 책정하고, 신규 임차인을 구하면서 기존의 임차인과는 임대차 협상을 하여 임대차계약서를 새로 작성해야 하기 때문이다.

이 과정에서 부동산 중개인들에게 주도권을 뺏기고 휘둘림을 당하는 경우가 비일비재하다. 경험이 없는 신규 건물주는 본인이 소유한 빌딩 주변의 상권 변화를 파악하지 못해 부동산 중개인들의 눈치를 보며 주인으로서 권리를 제대로 행사하지 못하는 경우가 많다.

내가 건물주로서 겪는 가장 큰 어려움은 임차인들과의 직접적인 만남과 그분들을 다루는 것이다. 이미 장사나 영업으로 잔뼈가 굳은 임차인과의 직접적인 만남이나 협상은 추천하지 않는다. 건물주로서 내가 그들에게 말하는 행동이나 글은 곧 바꾸기 어려운 법이 되기 때문이다. 그래서 중간에 관리인이나 부동산 중개인을 둬서 건물주로서 행동이나 말을 수정할 공간을 남겨두어야 한다.

건물주인 내가 직접 중간관리인을 두지 않고 임차인과 만나서 월세를 깎아주거나 건물 간판이나 영업에 필요한 설비 등을 설치하는 것을 허락한다면, 나의 실수나 오류로 잘못된 의사결정을 하였을 때 수정하기가 어렵기 때문이다. 이때 관리인을 두면 이러한 부분에 여유 공간이 생겨 차후 잘못된 방향을 수정하기가 훨씬 수월해진다.

나도 내 건물들을 관리하기 위해 부동산 중개인을 임대관리인으로 두고 월 300만 원을 지급하고 있었다. 물론 믿을 만한 부동산 중개인을 관리인으로 선택했고 그분들이 일을 열심히 안 한 것은 아니었지만, 실시간의 상권 변화에 대한 정보나 임차인들의 관리에 무언가 아쉬움이 남았었다. 그래서 생각했다. 내가 직접 공인중개사 자격증을 취득하고 부동산 중개업무를 해봐야겠다고.

어차피 내가 건물을 몇 개 가지고 있기에 실시간으로 급변하는 부동산 시장을 그 안에서 직접 파악할 수 있어야 한다고 보았다. 그리고 국내 자본을 가지고 해외의 수익용 부동산에 투자하고 싶다는 나의 큰 꿈을 위해서도 전문가로서 공인중개사 자격증이 필요하다고 생각했다.

그래서 공인중개사 시험을 준비하기 위해 에듀윌에

공인중개사 시험 수강 등록을 하고 5~6개월 정도의 시간을 투입해서 공인중개사 시험에 합격했다. 참고로 나는 5~6개월 정도 공인중개사 시험공부를 하는 동안, 에듀윌의 인터넷 강의는 전혀 수강하지 않았다. 나는 오직 에듀윌에서 발행된 기본서와 요약집만을 공부해서 시험에 합격했다.

굳이 에듀윌의 인터넷 강의를 들으며 그 엄청난 강의 시간을 낭비하는 것보다 기본서나 요약집, 특히 에듀윌에서 발행된 시크릿 노트 Secret Note 325페이지를 4~5회독 하는 것만으로도 충분히 공인중개사 시험을 합격할 수 있다고 본다. 공인중개사 시험을 준비하시는 수험생들은 참고하기를 바란다.

여담이지만, 내가 인터넷 강의를 전혀 수강하지 않으면서 에듀윌 책만으로 시험공부를 하며 시행착오를 겪을 때, 공인중개사 시험이 끝나면 3개월만 공부해서 공인중개사에 합격할 수 있는 학원이나 공부 모임을 만들어 나같이 나이 들어서 공부하시는 분들에게 도움을 주고 싶다는 생각이 들었다. 굳이 돈을 벌기 위한 수단으로 만들어진 인터넷 강의나 지루한 학원 강의를 들으며 시험 공부하는 기간을 낭비하는 것보다, 요점을 핵심만 공부함으로써 3개월, 아니 100일 안에 시험을 합격할 수 있다는 것을 알려주고 싶다.

켈리 MBA에 도전하다

부동산 투자, 특히 수익용 빌딩의 구입을 통해서 나의 사업 소득이 아닌 자산 소득이 안정화되었을 때, 내 인생이 이렇게 임대업자로 마무리되는가에 대한 회의가 왔다.

그때 나는 한 달에 한 시간만 일을 해도 되었다. 솔직히 말하면 한 달에 한 시간도 일할 필요가 없는 시스템이 만들어졌다. 한 달에 한 시간 일한다는 것은 내 건물들의 임차인들에게 임대료 청구서를 내가 직접 작성해 매달 임대료를 청구하는 시점에 맞추어 발송하는 업무가 전부였다.

내가 전기 및 상하수도 등 관리비를 정산하여 임대료 청구서와 세금계산서를 작성한 후 내 회계사무소 직원에게 주면 직원들이 각 임차인별로 서류 봉투에 담아 밀봉하여 전달해주면 되는 업무였다. 인생이 재미없었고 나의 도전 정신이 사라져가는 느낌이었다. 호랑이가 애완용 고양이가 된 느낌이랄까!

이렇게 임대업자로 남은 생을 살아간다면 누구나 예측 가능한 한량이 되어 골프나 여자, 유흥에 빠져 살 것 같았다. 어쨌든 변화가 필요했던 나는 젊었을 때 종로 바닥의 회계사로 개업했을 때의 내 꿈을 생각해 보았다.

"이렇게 살아서는 60대에 1조 원 이상의 재산을 만들고 일가를 이룰 수 있을까?"

나는 내가 만든 부동산 수익모델을 통해서 나의 한국 자본으로 뉴욕 맨하탄에 빌딩을 구입해야겠다는 생각이 들었다. 허황된 꿈일 수는 있지만, 성공하기 위해서는 꿈을 꾸고, 그 꿈을 이루기 위한 행동을 함으로써 성공의 확률을 높여야 한다.

영어로 비즈니스 수업을 받고 싶다는 갈증이 있던 차에 영어 MBA 학위에 대한 갈망이 생겨났다. 그래서 Kelley School & Business MBA에 지원하였다. 나의 모교인 성대가 Kelley MBA와 연결되어 있었다.

영어 MBA 입학 영어 면접 날, 나는 내가 준비해 간 내용을 외국인 교수님 앞에서 말했다.

"난 한 달에 딱 한 시간만 일합니다. 당신이 날 뽑아 주지 않으면 난 술과 유흥으로 내 남은 인생을 보낼 것 같습니다. 그러니까 날 꼭 뽑아 주십시오."

Kelley MBA에 입학 후 첫 오리엔테이션 수업에서 지도 교수님이 우리에게 영어로 말했다.

"여러분, 이 세상에서 MBA보다 더 나은 학위Degree는 없습니다. 그러니까 열심히 공부하셔서 꿈을 이루세요."

Kelley MBA의 모든 수업은 영어로 진행됐고, 과제의 양도 엄청났지만 모두 해냈다. 좋은 동기들과의 관계를 맺어 나가는 것도 재밌었으며, 내가 만나기 어려운 한국 기업의 핵심 인재들의 생각을 읽으며 나를 돌아볼 수도 있는 좋은 시간이었다.

Kelley MBA 과정을 이수하면서 동시에 공인중개사 시험을 준비하느라 힘들었지만 내가 향후 해외에 부동산을 투자하기 위해서는 꼭 필요한 학위라 생각했다. 학위과정에서 코로나 사태가 발생해 비대면 수업으로 학위를 마친 것에는 아쉬움이 남지만, 내 남은 인생에서 시간과 여건, 그리고 기회가 된다면 미국 현지에서 더 많은 비즈니스 수업을 받고 싶다는 열망을 갖게 되었다.

4장

성공적인
수익용 부동산 투자의
A부터 Z

이 책에서 다루는 부동산 투자는 주거용이나 토지가 아닌 수익용 부동산, 특히 빌딩 투자에 대한 나의 경험을 바탕으로 한 것이다. 내가 수익용 부동산 중 빌딩 투자를 선택한 가장 중요한 이유는 내가 투자한 부동산에서 매달 수익이 발생해야 하기 때문이다.

내가 가진 투자금과 은행 대출을 가지고 빌딩에 투자했을 때 최소한 매달 임대수입이 은행 이자를 커버해야만 내 투자금에 대한 기회비용인 순이익(수입이자)을 얻을 수 있기 때문이다.

토지나 주거용 부동산 투자 시 은행 대출을 일으킨다면 향후 매각 시 시세차익은 얻을 수 있으나 매달 지급되는 이자 비용은 나의 다른 소득에서 커버해야만 한다. 나는 초기에 모아둔 여유자금이 부족했기에 향후 최소 몇 년 후의 시세 차익보다는 매달 부동산에서의 월세 수입이 더 중요했다.

초기 투자 시 여유자금이 충분한 투자자는 은행 대출도 필요 없으므로 토지나 주거용 부동산 투자 시 발생하는 이자 비용에 대한 염려가 적어 바로 투자하면 되지만, 처음부터 가진 것이 없었던 내 입장에서는 이러한 부동산은 투자의 고려 대상이 되지 않았기 때문이다.

자, 이제부터 수익용 부동산 투자, 특히 빌딩 투자의 순서Sequence를 정리해 보겠다. 독자들이 빌딩에 투자하고 싶다면 이 순서대로 준비하면 될 것이다.

내가 인생을 살면서 항상 고민했고 지금도 고민하는 것은 5년 후에 무엇을 해서 먹고 살 것인가이다. 나는 현재에 만족하지 않고 5년 후에 내가 무엇을 해야 할까를 생각하며 살아왔다.

어려운 시절에는 당장 먹고사는 것을 걱정했고, 돈을 잘 벌기 시작하고 나서부터는 지금처럼 평안한 삶이 계속 이어질 수 있을지, 내가 5년 후에도 계속 이렇게 먹고살 수 있을지를 고민했다.

만일 독자 여러분이 5년 혹은 10년 후에 빌딩을 구입해 건물주가 될 것이라는 목표를 잡았다면, 아래의 순서를 참고하여 준비하기를 바란다.

1. 신문을 반드시 구독해라

즉, 꾸준하게 시장정보를 수집하고 투자시장과 가까

워지라는 것이다. 특히 매일 경제신문 한 종류와 일간신문 하나는 꼭 구독하기를 권한다. 경제 신문은 한국경제나 매일경제를 추천하며, 일간지는 조선이나 중앙일보 중 하나를 추천한다.

요즘은 인터넷 포털에서 내가 알고 싶은 분야만을 찾아서 빠르게 정보를 취할 수 있다. 그러나 포털에서 정한 기준으로 나열된 뉴스나 정보를 접한다면, 이는 내가 먹고 싶고 알고 싶은 분야만 편식하는 것과 같다. 그만큼 내 사고가 그들(포털)이 정한 기준이나 범위에 따를 수밖에 없게 된다.

반면에 신문 전체를 매일 정독하여 경제나 국제정세, 사회변화에 대한 매일의 다양한 정보를 접하며 내 머릿속에서 체계적으로 정리한다면, 인터넷 포털이 만든 기준에서만 보는 단편적인 지적 편식과는 비교할 수 없는 창의력이나 사고력을 얻는다.

그래서 꼭 경제 신문 하나와 종합 일간지 하나를 매일 아침 20~30분 정도 꼼꼼히 살펴보고 내가 투자하고 싶은 분야와 지역, 그리고 사회의 변동을 파악하라는 것이다. 특히 이를 통해 경제의 흐름을 파악해야만 다음 과정을 진행할 수 있기 때문이다.

2. 종잣돈을 모아라.
종잣돈은 거창하게 클 필요는 없다.

성공하려면 우선 꿈이 있어야 한다. 즉, 재벌이나 부잣집 자식으로 태어나지 않았다면, 성공하고 싶다거나 부자가 되기를 바라는 꿈이 있어야 할 것이다.

그런데 우리가 꿈만 꾼다면 이는 허황된 공상가에 지나지 않는다. 내가 성공해야겠다거나 부자가 되겠다는 꿈을 꾸었다면 이를 만들기 위한 행동이 뒷받침되어야만 꿈을 이룰 수 있다.

대부분의 성공한 사람들에게 '어떻게 성공하셨어요'를 묻는다면 그들은 이렇게 이야기할 것이다.

"저는 운이 좋았습니다."

생각해보자, 운이 무엇인가? 운은 확률이다. 운이 좋았다는 것은 성공할 확률이 높았다는 것이다.

우리가 로또 복권을 사는 것도 행동이다. 그러나 당첨되어 부자가 될 확률은 매우 낮다. 우리가 부자가 되어 성공하려는 꿈을 꾸는 것이 최초의 시작이고, 이를 위해 계획을 행동에 옮기는 것이 두 번째다. 성공한 부자들은 이를 실행에 옮겼을 때 성공할 수 있는 확률을 높여가는 방법을 찾는다.

즉, 복권 1등에 당첨될 확률이 수백만분의 일이라면 이는 너무 적은 성공 확률이므로, 내가 성공할 확률을 1/50이나 1/10로 높일 수 있는 방법을 찾아 행동에 옮기며 때를 기다리는 것이다. 만약 내가 성공할 확률을 1/5이나 1/3로 높였다면 그 길목에 낚싯대나 그물을 던져 놓고 물고기가 잡히기를 기다리면 된다. 물론 아무리 좋은 목에 낚싯대나 그물을 드리워도 물고기를 못 잡을 수 있다.

모든 일에 100% 성공할 수 있는 확률은 내가 미래에서 오지 않는 한 불가능하다. 하지만 성공한 부자들은 성공할 확률이 높은 곳을 찾아 그 위치에서 때를 기다린다. 성공한 부자들의 대부분에게 어떻게 성공하셨어요? 라고 물을 때 그들 대부분이 "운이 좋았어요."라고 답하는 이유다.

내가 독자들에게 첫째, 매일 신문을 구독하라고 권하는 것과 종잣돈을 모으라고 말하는 것은 '성공할 수 있는 확률을 높이기 위해 행동하라'는 것이다. 빌딩 투자는 1~2천만 원의 소액으로 시작하기는 어렵다. 그래서 부동산 투자의 종잣돈을 시간을 갖고 모으라는 것이다. 다시 말하면 꿈만 꾸지 말고 행동에 옮기라는 것이다.

종잣돈이 10억 원, 20억 원만큼 클 필요는 없다. 내가 몇 년간 준비하며 능력이 닿을 때까지 아껴서 종잣돈을 모으면 된다. 그 과정에서 은행에서의 내 신용도 높아지므로 향후 부동산 투자 시 자금 준비도 수월해진다. 종잣돈을 만드는 과정(행동)이 없으면 빌딩의 건물주가 되겠다는 꿈만 꾸는 공상가밖에 될 수 없다.

3. 은행과 친해지고, 나의 신용도를 높여라

하나의 은행을 선택해서 종잣돈을 만들고 그 과정에서 은행의 신용등급을 높이는 것은, 쉽게 말하면 은행과 친해져 보라는 뜻이다.

종잣돈을 모아서 부동산에 투자하는 초기 투자자들은 은행에서 대출을 일으키지 않으면 빌딩을 구입하기 어렵다. 은행에서의 대출을 통해 레버리지(지렛대) 효과를 일으켜야만 초기 투자금의 빠른 회수를 만들 수 있는 것이다.

투자의 종잣돈을 만들 때 추천하고 싶은 것은 꼭 하나의 주거래 은행을 선택하라는 것이다. 주거래 은행에 급여 통장을 개설하고, 적금통장도 그 은행에서 만들고, 신용카드도 주거래 은행 신용카드만 사용하고, 공과금 이체도 그 은행에서 이루어지게 만들어라.

그리고 적금이나 부금 통장을 만들 때 일반 입출금을 처리하는 창구에서 간단히 은행 업무만 처리하지 말고 꼭 적금이나 펀드 창구의 은행 정규직 직원들과 상담도 받고 친해질 것을 추천한다.

알고 싶은 금융 거래나 지식도 물어보고 고객으로 조언을 구하면서 안면을 터라. 주거래 은행의 직원들과 친해지면 당신이 부동산에 투자할 때 그들에게 생각지도 못한 많은 도움을 받을 수 있기 때문이다. 이렇게 하나의 주거래 은행을 선택해서 본인의 신용등급을 관리하여 최대한 신용도를 높여 놓아야 향후 부동산 투자 시 더 많은 차입 금액과 더 좋은 이자율로 대출을 받을 수 있다는 것을 명심하기 바란다.

내가 경험한 바로는 5대 시중 은행별로 직원들의 DNA가 다른 것 같다. 이는 조직의 문화적 차이 같은데, 각자의 특성에 맞는 은행을 찾아 나만의 하나의 주거래 은행을 선택하여 꾸준히 거래기록을 쌓아 가기를 바란다.

4. 충분한 시간을 들여 내가 사고 싶은 곳의 상권 흐름을 파악하고 그 지역의 부동산 중개업소와 친해져라

경제 신문 등을 구독하면서 요즘 떠오르는 지역이나 상권 중 본인과 가장 맞는 지역을 선정했다면, 그 지역을 자주 가라. 평일 밤이나 주말 밤, 그리고 낮에는 당연히 가보고 시간을 내서 평일 낮 시간에도 요일별로 가보아라. 가서 커피도 마시고 밥도 먹고 친구들을 불러 술도 늦게까지 마셔 보아라. 그러다 보면 상권의 흐름이 어느 쪽에서 뜨는지, 어느 쪽이 발전 가능한지를 느낄 수 있을 것이다.

그러고 나서 그 지역의 편해 보이는 부동산 중개업소에 들어가 명함이나 연락처를 주면서 상담을 받아라. 주말 오후나 평일의 늦은 저녁 시간보다는 평일 오후의 한가한 시간이 지역의 부동산에 들어가 편하게 오랜 시간 상담을 받기에는 좋을 것이다.

절대 강남의 기획 부동산이나 큰 부동산 회사에 가서

상담을 받지는 말아라. 직원이 한두 명 있는 지역의 자그마한 부동산에 들어가 그들과 편하고 솔직하게 지역 물건과 시세에 대하여 상담을 받는 것을 추천한다.

참고로 강남의 기획부동산 컨설팅이 영업하는 방법을 밝히겠다.

난 지금도 대중에게 알려진 강남의 부동산 매매 전문 회사들로부터 한 달에 2~3통 이상의 우편물을 받는다. 즉, 원하지 않는 DM(Direct Mail)이 집으로 와있어 퇴근하면 집 책상이나 식탁에 놓여 있는 것을 볼 수 있다.

이는 강남의 부동산 매매전문회사에서 인기상권 부동산의 건축물관리대장을 인터넷으로 발급받아 소유주를 확인한 후 건물의 매수자가 있으니 건물의 매각을 원하면 연락해 달라는, 말단 영업직원들을 시켜 무작위로 뿌리는 DM이다.

이처럼 강남의 알려진 대부분의 매매 전문 부동산 회사들은 경력 없는 직원들을 DM 발송이라는 단순 매물작업을 시키기 위해 뽑는다.

이렇게 뽑은 직원들에게는 급여와 점심 식대도 제공하지 않는 경우가 대부분이다. 단지 대리, 과장, 부장이라는 형식적인 직책과 명함만을 제공한다. 신입 직원들에게 거의 급여도 지급하지 않고 사무실 책상만을 제공해 주므로 추가로 지출될 경비는 거의 없다.

부동산 회사의 대표는 강남의 번화가에 사무실을 오픈하고 근사하게 인테리어를 꾸민 후 영업할 팀장급 인원을 영입한다. 그 팀장이 DM을 발송할 직원들을 급여도 거의 지급하지 않는 조건으로 뽑는 상황이 반복된다. 100명의 신입직원을 뽑는다면 보통 1년 이내에 90% 이상은 퇴직하는 이유다. 나머지 10% 미만이 소위 중개수수료를 부동산회사와 분배하는 팀장(보통 이사나 본부장으로 호칭함)으로 살아남아 성공해서 팀장이 될 수 있다는 말에 불나방같이 달려드는 신입 직원들을 대상으로 다단계 방식과 같은 영업을 시작한다.

이들은 직원들에게 인기 상권의 건축물대장을 인터넷으로 발급받은 후 소유주에게 매각을 좋은 가격으로 해줄 테니 연락 달라는 무책임한 DM 발송을 시킨다. 그리고 이것에 현혹되어 연락오는 건물주들을 확보해 본인들만 가지고 있는 매물인 것처럼 여러 군데에 광고하여 팔아먹는다.

이때 해당 DM을 믿고 연락오는 건물주와 미팅을 가지는 것은 DM을 발송한 신입직원이나 이들을 뽑고 관리하는 팀장이다. 이들은 매수자도 없으면서 있는 척, 전문가 행세를 하며 접근한다.

이후 이렇게 확보한 매물을 해당 강남 부동산회사의 전속 물건처럼 포장하여 대중에게 홍보한 뒤에 매수자를 찾는다.

이들은 점차 더 많은 직원들을 뽑아 더 많은 양의 DM을 발송한다. 그중 혹시나 내 건물을 좋은 가격으로 팔아줄까 현혹되어 전화하는 순진한 건물주를 한 명이라도 더 확보해서 거래가 이루어진다면, 부동산 중개수수료가 100%라 가정했을 때 보통 사무실 장소를 제공해주는 대표나 주인은 30~40%를, DM 발송 직원을 뽑은 이사나 본부장이 30~40%를, 그리고 DM을 발송한 신입직원이 20~30%를 가져가는 구조다. 3~5개 이상의 거래를 성사시킨 신입직원은 이후 팀장이 된다.

내가 매달 2~3통씩 집으로 받아보는 DM은 내 건물을 구입할 매수인이 있으니 연락을 달라는 매번 비슷한 내용이다. 심지어 내가 가지고 있는 해당 건물의 주소가 틀린 경우도 있다. 보내는 이는 보통 과장, 부장 등의 명칭으로 기재된 자칭 건물매매의 전문가라는 사람들이다. 헛웃음 밖에 안 나온다.

게다가 이 DM에 기재된 연락처로 전화를 해보면, 본인들이 언제 어디로 발송했는지 기억도 못 하는 경우도 비일비재하다. 때문에 이러한 강남 기획부동산 회사에서 보내는 DM의 모든 내용은 거의 100% 거짓이라고 보면 된다. 나는 전화를 하거나 연락을 하는 등 그들에게 낚일 필요가 없으니, 이 우편물들을 그냥 찢어서 쓰레기통에 버린다.

만약 건물을 사거나 팔고 싶다면 가급적 그 지역의

부동산 중개업체를 찾아가 내가 신뢰하고 믿을 수 있는 중개인을 찾기 바란다. 그리고 내가 사고 싶은 지역에 다리품을 팔아 직접 방문하고 지역Local부동산으로부터 매물 정보를 확인받기를 권한다.

내가 경험한 바로는 수익용 부동산 매매에 전문가는 없다. 다리품과 시간을 많이 쓰면서 상담받고, 그 지역의 상권 경험을 많이 한 사람이 곧 전문가다. 즉 여러분도 전문가가 될 수 있다는 말이다.

내가 정한 구역의 부동산에 한 번만 가서 필요한 정보만 빼내고 나오는 우를 범하지 말고, 상담받은 지역의 부동산 중개소가 친절하고 솔직하게 빌딩이나 수익용 부동산 시세나 임대 정보를 제공해준다면 가급적 꾸준히 여러 번 방문해라.

부동산에 매매나 시세 상담을 위해 재차 방문할 때는 음료수라도 사가면서 인간관계와 친밀도를 높여간다면 향후 그 지역 부동산 투자를 위한 좋은 정보를 제공받을 수 있을 것이다.

처음 그 지역의 부동산에 상담을 위해 들어간다면, 강남의 기획 부동산에서 매매 정보를 빼가기 위해 매수인으로 위장하여 방문했다는 시선을 피할 수는 없을 것이다. 이때는 본인의 명함을 건네면서 그들이 품는 의심을 풀어주어야 한다.

홍대 근처에 있는 유명한 연예기획사의 대표는 건물을 구입하기 위해 하나의 지역 부동산을 선택해서 그 부동산 중개인과 매주 점심을 같이하며 친분을 쌓았다. 이후 그는 그 부동산을 통해 홍대 근처의 빌딩을 구입해서 사업뿐 아니라 부동산 투자에도 성공했다고 한다.

독자 여러분도 본인이 사고 싶은 건물의 상권을 선택해서 그 지역의 부동산 중개업소를 찾아 친분을 쌓는 것이 좋은 건물을 구입하는 지름길이 될 것이다.

5. 조급하게 빌딩을 사지 마라.
기다려도 어디 안 간다.

우리는 물건을 살 때 상인이나 영업사원들이 '지금 구입하지 않으시면 다른 손님이 사 갈 수 있어 구입을 못 할 수 있다'고 말하는 경우를 종종 본다. 부동산 빌딩도 마찬가지다. 보통의 부동산 중개인들은 이 부동산이 좋은 물건이고 가격이 싸니까 지금 바로 계약해야지 시간을 놓치면 다른 손님이 물건을 계약한다고 말한다. 물론 나는 앞에서 언급한 것 같이 내가 선택한 지역에 가지고 싶은 물건이 나오면 하루나 이틀 안에 매입 여부를 결정한다. 이는 내가 그 상권의 흐름을 알고 매매시세나 주변의 임대가를 충분히 파악했기 때문에 가능한 것이다.

빌딩 투자의 초보자나 주변 사람들의 말만 듣고 '그 지역이 뜨는구나, 성장할 것 같다'라는 막연한 정보만으로 부동산 중개인과 상담하고 물건을 소개받는다면, 가급적 빌딩의 구입시기를 늦춰라. 절대로 한두 번의 방문과 본인 눈으로 확인하지 못한 정보를 믿고 빌딩을 구입하지 말라는 것이다.

그럴 때는 최소 1~2주 정도 거래를 멈추고, 두세 군데 이상의 부동산 중개업소와 상담하고 건물의 임대 시세를 파악해 건물의 제시된 매매가격을 낮추어 보아라. 매도인이 만약 100억 원의 매가를 불렀다면 미친 척하고 80억 원이라고 콜을 해봐라. 매도인이 급하면 따라올 수도 있다. 어차피 내 물건, 내 빌딩이 될 거라면 발로 차도 나에게 온다고 생각하기를 권한다.

지금까지 나의 경험상, 건물 빌딩이 매매로 나왔다고 바로 거래로 이루어지지는 않는다. 보통 짧게는 몇 달 길게는 몇 년이 걸린다. 아파트를 제외한 부동산은 주식이나 펀드 예금과 달리 현금화의 유동성이 어렵기 때문이다. 그러니까 내 마음에 드는 빌딩이 매매로 나왔더라도 너무 애달아 조급하게 움직이지 말아라.

돈이 없는 것이지 빌딩은 얼마든지 많으며, 그 물건을 놓치더라도 나중에 그보다 더 좋은 빌딩을 찾을 수 있을 것이다. 우리가 목 좋은 자리에 낚싯대나 그물을 던져 놓고 기다리다 보면 언젠가는 월척을 건질 수 있는 것과 같이.

6. 매도인이 왜 빌딩을 매각하는지 분석해 봐라

물건을 살 때 파는 사람이 왜 팔아야 하는지를 파악할 수 있다면 좀 더 유리한 조건으로 매매를 이끌 수 있을 것이다. 앞에서 언급한 바와 같이 위치 좋고 누구나 탐낼 만한 빌딩은 보통 건물주의 사망으로 인한 상속세 납부와 상속인들의 재산 분할 과정에서 매물로 나오는 경우가 많다.

이 경우, 건물주인 피상속인 사망 후 6개월 이내에 상속세를 신고·납부해야 해서 매각이 급한 관계로 매매가를 깎을 여지가 많다고 보면 될 것이다. 은행의 대출금 상환이나 이자 비용의 부담 때문에 매매 시장에 나오는 경우도 있을 것이다.

새로운 사업에 투자하기 위해서나 더 좋은 신규 건물을 구입하기 위해서, 혹은 이혼이나 자식들 재산 분할 차원에서도 건물이 매물로 나올 수 있다.

매물로 나온 빌딩이 왜 매매 시장에 나왔는지를 파악하는 것이 향후 거래 시 가격 협상력에 영향을 미칠 수 있기 때문에, 부동산 중개인들에게 이에 대한 정보를 확보하는 것이 건물의 매매 시 중요한 포인트가 된다. 그래서 부동산 중개 수수료만 생각하지 않는 믿을 만한 부동산 중개인이 필요한 것이다.

상속세 납부나 대출금 상환, 이자 비용의 부담, 혹은 이혼 중의 재산 분할이 급한 경우에는 급매로 가격의 조정이 클 수 있다. 현재 건물의 임차인이 우수하고 그가 지불하는 임대료 수준은 높으나 향후 임대차 계약기간 종료 시 그 우량 임차인이 떠나고 임대료 수입이 줄어들거나 공실이 발생할 것을 예상하여 미리 건물을 매각하려는 경우도 있을 것이다.

건물을 구입한다는 것은 투자와 같다. 투자에 따른 투자금은 언젠가는 회수되어야 한다. 즉 건물의 투자금을 회수하기 위해서는 최종적으로는 매각이 이루어져야 한다는 것이다. 따라서 건물을 구입할 때 무엇보다 중요한 것은 내가 구입하는 건물의 매각까지 고려하여 매입이 이루어져야 한다는 사실이다. 그렇기 때문에 내 향후 건물의 매각을 위해서도 매도인이 왜 빌딩을 매각하려 하는지를 투자 시점에서 분석해 봐야 한다.

그리고 내가 싸게 깎아서 산 물건은 내가 팔 때도 그만큼 싸게 할인해서 팔 수밖에 없는 하자 있는 물건일 수도 있다는 것을 명심하자. 이때 하자 있는 물건인지 아닌지를 판단하는 중요한 포인트 또한 건물 매도인의 매각 사유가 되기 때문이다.

7. 정말 마음에 드는 물건을 만났다면 나 혼자 투자할 수 있는지 판단해라.

내가 사고 싶은 건물이 있는 상권에 열심히 다리품을 팔면서 그 지역 부동산 중개업소의 조언을 받으며 정말 마음에 드는 물건을 만났고, 나의 주거래은행에서 부동산 건물의 대출액도 감정평가를 받아서 확인했다면 자기 자본, 즉 투자의 실탄을 점검해 봐야 한다.

전쟁에 나갈 때는 내 목숨을 지키기 위한 여유분의 실탄을 반드시 지참하여야 한다. 전쟁터에서 예상치 못한 상황으로 실탄을 전부 소진하였다면 난 죽던가 포로가 될 수밖에 없기 때문이다.

앞에서 살펴본 바와 같이 부동산 중 건물의 투자에는 타임 디퍼런스가 발생할 확률이 높다. 즉, 새로운 임차인으로 임대를 맞추어 조정하는 과정에서 기존의 임차인을 내보내야 하는데, 기존 임차인의 임대보증금은 건물 구입 시 부채로 차감하고 매도인에게 지급한 관계로, 신규 임차인이 건물에 입점하여 기존의 임차인과 바로 교체되지 않는 한 기존의 임차인에게 지급해줄 임대보증금과 이사비용, 그리고 권리금 등이 필요한 것이다.

여유자금의 실탄이 없이 딱 건물의 매입비용만큼을 지급하였다면 기존의 임차인에게 지급할 자금 실탄이 없게 된다. 또한 구입한 건물의 기존 임차인들과는 새로운 건물주로 임대인의 명의를 바꾸어 재계약을 하여야 하는데, 새로운 임대 협의가 원만하게 이루어지지 않는다든지 기존 임차인들이 임대료를 제대로 지급하지 않을 때 새로운 건물주는 신규 임차인을 구할 때까지 은행 대출의 이자 비용을 감당해야만 한다. 그래서 최소한 1년 치 정도의 은행 대출금의 이자 비용과 기존 임차인에게 명도 시 지불해야 하는 임대보증금과 이자 비용 정도는 건물 구입 시에 여유자금으로 준비하고 있어야 건물이 경매로 넘어가는 것을 막을 수 있다.

따라서 정말 마음에 드는 물건을 만났을 때는 이 건물을 가져오기 위한 전쟁터에서의 실탄뿐만 아니라 후방에서의 지원을 위한 여유자금까지도 고려해야 한다. 본인의 여유자금이 충분하지 않다면 아직 혼자 전쟁터에 나가기는 힘이 부족하므로 내가 의지할 수 있는 신용 있는 믿을 만한 조력자가 필요한 것이다.

8. 공동투자를 위한 믿을 만한 사람을 찾아 곁에 두어라

다른 말로는 위험을 헷지 Hedge, 즉 분산하라는 것이다. 내가 힘이 부족할 때는 나와 '비슷한' 신용 있는 사람들과 연합하는 것이 좋다. 나보다 자금 동원력이 뛰어나고 은행에서 신용도가 월등한 사람이라면 굳이 나와 같이 건물을 구입할 필요가 없기 때문이다.

부동산에서의 공동투자는 동업이 아니다. 예를 들어 보자.

100억 원의 건물을 구입하려는 신용도가 월등히 좋

은 투자자가 있다고 보자. 그의 신용도 정도면 계약금의 10% 정도인 10억만 준비하면 90억 원의 대출을 은행에서 일으킬 수 있다. 건물에 임대보증금이 2억 있다고 가정하면 실투자 금액은 8억 원이면 된다.

그런데 건물을 찾고 가격에 대한 협상을 한 나는 신용도가 그 정도로 높지 않아서 건물구입 시 건물 담보로 80%인 80억 원 정도밖에 은행에서 대출을 받을 수 없다고 가정하자. 나 혼자 100억 원의 건물에 투자한다면 대출금 80억 원에 기존 건물의 임대보증금 2억 원을 차감한 18억 원의 돈이 필요하다. 이럴 때 신용도가 월등한 투자자와 공동으로 건물을 투자한다면 실투자 금액은 8억 원만 필요하고 난 4억 원의 돈만 지불하면 건물의 50% 지분을 가져올 수 있다.

즉, 실투자 금액도 크게 줄일 수 있고 후에 발생하는 임대보증금 등을 빼주어야 하는 타임 디퍼런스의 부담도 확연히 줄어드는 것이다.

앞에서 강조한 것과 같이 부동산, 특히 건물의 공동

투자는 동업이 아니다. 건물 구입 시 어차피 임대료 입금 통장을 하나로 만들 것이고 세금을 포탈할 의도가 아니라면 이 통장을 통해 모든 임대료 수입과 임대보증금이 입금될 것이다. 하나의 임대료 통장은 동업자가 두 명이라면 두 사람의 도장이 동시에 찍히지 않는 한 출금이 불가능하고 모든 통장 입출금 내역이 통장의 주인들에게 통지되기에 나 몰래 빼갈 방법이 없게 된다.

임대료나 임대보증금이 입금되면 투자지분 만큼 즉시 입금해주면 되고 향후 소득세나 부가가치세 납부는 각자의 지분만큼 알아서 내면 될 것이다.

그래서 공동투자를 위해서는 내가 신뢰하고 믿을 수 있는, 나보다 신용도가 비슷하거나 좋은 투자자들이 필요하다.

9. 시장에 나와 있는 매매가격은 신경 쓰지 말고 내가 제시할 수 있는 가격의 기준점을 정해라

매매 시장에 나와 있는 건물의 현재 임대가는 솔직히 아무 의미가 없으므로 신경 쓰지 말아야 한다. 앞에서 이미 한번 설명한 바와 같이 100억 원의 건물이 매매로 나와 있다고 보자. 시장 이자율, 즉 은행에 예금을 넣었을 때 받는 이자율을 4%로 가정하자. 앞의 3장에서 설명한 내용이다.

임대보증금이 10억 원이고 매월 월세 임대료 수입이 삼천만 원(30,000,000원)이기 때문에 건물의 매매가격이 100억 원으로 책정되어 시장에 나온 것이다.

건물가격 100억 원 = 임대보증금 10억 원 +
월세의 환산 가치 90억 원 ((3천만 원 × 12개월)/4%)

여기서 한번 생각해 봐야 한다.

매도인이 제시한 임대보증금 10억 원과 매월의 임대료 수입 삼천만 원(30,000,000원)이 건물의 주변시세 임대료와 비교했을 때 적정한지 말이다.

매도인이 건물을 팔아먹기 위해 친한 임차인을 섭외하여 임대보증금과 임대료 등 일시적으로 임대가를 높여서 1~2년의 단기계약으로 임대료를 업$_{up}$시켜 놓았을 수도 있는 것이다.

혹은 반대로 건물주인이 착하고 건물을 오래 소유해 와서 주변시세를 잘 파악하지 못한 관계로 임대보증금과 매월 임대료가 너무 저렴해 시장에서의 권리금이 몇억 원씩 형성되었을 경우도 있다.

그래서 매매 시장에 나와 있는 건물의 임대가는 무시해야 하는 것이다. 투자자 본인이 주변 상권의 임대 시세를 다리품을 팔며 지역 부동산의 조언을 구해서 스스로 파악해야만 한다. 그래야 건물을 구입한 후 임차인을 변경할 때 적정한 임대가를 받을 수 있고 이를 통해 건물의 가치를 높일 수 있기 때문이다.

또 하나, 건물의 구입시 가장 중요한 포인트는 건물이 매매로 나와 있다는 것에 주목하라는 것이다. 상속세 납부를 위해서든, 자녀들에게 재산 분할을 하기 위해서든 어떠한 필요성에 의해 건물이 매매 시장에 나온 것이다.

부동산이 주식이나 예금 등 기타자산에 비해 가장 취약한 것은 현금으로 유동화 시키는 것이 어렵다는 점이다. 아무리 좋은 자리에 있는 물건이라도 현금 확보를 위해 매각하려면 어느 정도의 시간이 필요하다.

따라서 건물이 매매 시장에 나왔을 때 실제 매수 의향이 있는 투자자와 마주 보고 정면으로 앉아 매매 협의를 할 수 있는 기다림의 시간이 길고, 그 횟수도 많지 않다.

매수자 입장에서는 어차피 돈이 필요해서 건물이 매매 시장에 나와 있는 것이라면, 직접 만나서 앞에 계약금을 수표로 던져 놓고 가격협상을 하는 것이 유리하다.

이때 매매가격이 100억 원으로 나와 있다면 한번 70억이든 80억이든 던져놓고, "제가 가진 돈이 이게 전부

인데 저는 꼭 이 건물을 가지고 싶습니다."라고 간절히 이야기하면서 매도인과 아이 컨택Eye Contact을 해보는 것도 좋다.

10. 거래가격에 대한 협의가 끝나면 대출요청과 감정평가 시 주거래 은행의 도움을 받아라

내가 사고 싶은 건물을 다리품과 시간을 들여서 찾고 부동산 중개인과 협의를 통해 대략적인 매매가 협의가 이루어졌다고 하자.

자, 드디어 매도인 건물주와 건물의 매매계약서를 작성하기 위해 미팅 시간을 확정했다. 지금까지 내가 열심히 공들여 놓았던 나의 주거래 은행이 필요한 시점이다. 주거래 은행의 차장님이든 부지점장님이든 지점장님이든 은행의 관계자에게 전화를 할 때다.

이제 내가 구입할 건물 앞에서 그들과 만나야 한다. 그리고 현장에서 내가 건물을 구입하기 위해 필요한 자금의 대출을 요청해야 한다. 가급적이면 넉넉하게 요청해라. 사람들의 보는 눈은 비슷하다. 투자자인 내가 좋아 보이면 은행 눈에도 좋아 보인다.

은행의 주 수입은 자금의 대출을 통한 이자수입이다. 즉, 나쁘게 말하면 돈 놀이하는 사채업자다. 은행은 돈을 빌려 주기 위해 영업을 하는 것이다. 그러니까 대출을 요청할 때 눈치 보지 말고 과감하게 내가 필요한 자금을 요청해라. 내가 믿을 수 있는 주거래 은행의 우량고객이라면 요청한 대출금액의 확정이 빠를 것이지만, 아니라면 시간이 더 필요할 것이다. 하지만 낙담하지 말기를 바란다. 누구나 초보 운전 시절은 있기 때문이다.

이후 내 주거래 은행에서 매도인 측 건물에 설정된 대출 상환액 만큼의 수표를 매도인 측 은행에 제시하여 기존에 설정된 상대방 은행의 대출금을 갚고, 내가 일으킬 대출의 주거래 은행이 대출금에 비례한 근저당권 등 담보를 내가 구입할 부동산에 설정하기 위해 인감증명서 등의 필요서류를 나에게서 받아간다.

이때 소유권 이전을 위한 법무사는 은행에서 부른 은행 대출금 담보 설정을 위한 법무사를 같이 이용하면 편하다. 나의 주거래 은행은 은행 비용으로 대출실행을 위한 감정평가 비용과 근저당권 등 담보 설정비용을 지불하므로 난 단지 소유권 이전에 필요한 취·등록세만 준비하면 된다.

즉, 은행이 대출 시 건물의 감정평가비용과 근저당권 등 담보설정비용을 그들이 차후에 나에게서 받을 대출금의 이자 비용에 녹여서 가져가므로(최초 대출 시 대출이자율에 감정평가비용과 담보설정비용까지 포함하므로 이자율이 그만큼 더 높게 산정된다. 보통 3년 정도를 대출 기간으로 보아 초기 감정비용과 담보설정비용을 3년으로 나누어 대출이자율에 가산한다.) 나와 협의할 대출금의 이자비용이 그만큼 높아지는 것이다.

우리가 은행에 건물 구입에 필요한 대출금을 신청하면 은행은 먼저 매수인의 신용도를 조사·평가하고, 줄여서 탁감, 즉 부동산의 시세를 먼저 간략적으로 평가하는 탁상감정을 실시한다.

본격적으로 건물을 구입하기로 계약하고 이에 따른 은행의 대출이 실행되면 감정평가사를 통한 정식감정이 이루어지고 이를 기준으로 대출이 발생한다. 건물 구입 시 잔금날에는 주거래 은행의 은행담당자가 나와 같이 잔금 현장에 나와서 내 대출 담보를 위한 서류를 받고 상대방 매도인 측 대출이 있는 거래 은행으로 찾아가 대출금을 상환하므로 나의 건물 구입을 위한 대출이 실행되는 것이다.

기존의 대출이 없으면 매도인에게 남은 잔금을 주면 된다. 이를 다른 말로 설명하면, 내가 건물 구입을 위한 대출을 받고 3년이 지나 대출금 상환에 따른 위약금이 사라졌을 때 주거래 은행을 A은행에서 B은행으로 바꿀 수 있는 경우, 내 대출금을 이전해가는 B은행에서는 다시 감정평가사의 감정평가비용과 담보설정비용을 지불하는 원가가 추가로 발생하므로 같은 조건이면 기존의 A은행에서 대출연장을 위해 좀 더 낮은 이자율을 제시할 가능성이 높다는 것이다.

11. 건물 구입이 끝나면 믿을 만한 임대관리인을 선정하여 신규 임대차계약을 마무리하고 임대 및 건물관리를 맡겨라.

건물을 구입했다면, 건물의 주인이 바뀐 것이므로 임차인들은 기존의 건물주와 맺었던 임대차계약서의 임대인을 수정해야 한다. 즉, 나와 새롭게 임대차계약서를 작성하여야 하는 것이다.

나는 이때 건물주가 바로 나타나 임차인과의 임대차조건을 협의하고 임대차계약서를 새로 작성하는 것을 추천하지 않는다. 앞에서 설명한 바와 같이 임대인, 즉 건물주는 내 건물에서 말하는 것과 행동하는 것이 곧 법이 되고 바꾸기가 어렵기 때문이다. 따라서, 잘못된 말이나 행동을 추후에 수정하기 위한 여유 공간이 필요하다. 이러한 여유 공간이 건물의 관리인이다.

보통 처음 건물의 관리인은 내 건물을 사주었던 공인중개사가 될 확률이 크다. 왜냐하면 그는 건물 구입 시 향후 변동될 예상 임대가를 투자자에게 제시하였고 나는 그 자료를 믿고 건물의 매매계약을 했기 때문이다. 그는 이러한 일들을 하면서 부동산 중개수수료를 나에게서 받아 갔으므로 그만큼 건물의 향후 임대가를 그 기준에 맞출 책임이 있다.

그래서 강남의 기획 부동산과 같이 매매만 전문으로 하는 부동산 업체에서 건물을 구입하는 것을 권하지는 않는다. 그들은 단지 건물 구입 전 예상 임대가만 제시하여 건물을 팔아먹고 사후관리를 제대로 하지 않을 가능성이 있기 때문이다. 건물에 단지 임대 플래카드만 걸어 놓고 오는 전화만 받으면서 임차인을 기다릴 확률이 높다.

보통 그들은 1회용 매매가 전문이므로 건물의 임대를 맞추거나 건물의 관리를 그 지역의 부동산 중개인들과

수수료를 나누는 Share 방식으로 일을 처리할 것이다. 그러면서 상황을 제대로 파악하지 못한 초보 건물주들을 가지고 놀 확률이 높다.

그들이 하는 일은 건물주 돈으로 플래카드를 걸어 놓고 오는 전화를 받으면서 임대를 연결해 부동산 중개수수료를 나누어 가지는 것이 전부인데, 그 지역의 상권만을 주로 거래하는 지역의 부동산 입장에서는 좋게 보이지 않으므로 협조를 받기도 쉽지 않을 것이다.

내가 건물구입 후 임대관리인을 선임할 때 가장 중요하게 보는 것은 그의 솔직함이다. 나에게 숨김없이 임대나 관리의 모든 상황을 이야기해주는 것이다. 나는 그가 임대를 맞출 때 받는 중개수수료나 권리금 등 임차인들에게 받는 모든 돈은 반드시 나에게 보고하기를 요청한다. 그가 그만큼 일해서 받는 것은 인정하지만 나 몰래 받는 것은 용인할 수 없기 때문이다.

실제 예를 들어보겠다. 내가 홍대 근처에 처음 건물을 구입한 후 1층에 있는 이자카야를 내보내고, 면적을 반으로 나누어 한편은 문구점 나머지 반은 커피숍으로 임대차를 맞춘 지 1년이 좀 지났을 때였다. 갑자기 건물 관리인이 나에게 찾아와서 커피숍 임차인의 아들이 아파서 운영이 어렵다는 이야기를 하면서 그가 새로운 임차인을 데려왔는데 임대차를 승계해주자고 제안했다. 나는 그를 힐끗 바라보면서 물었다.

"지금 임대가격이 주변시세에 비해 좀 싼 것 같은데 임대가를 올릴 수 있지 않을까요?"

그러자 그는 "아이가 아파서 급히 나가는 건데 그냥 임대차를 승계해주시는 게 어때세요."라고 이야기하는 것이었다. 보통 그렇게 친절한 사람이 아닌데도 말이다. 나는 "알았다 그러라" 하고 마무리했다.

나중에 내가 파악한 바로는 그 커피숍 임차인이 내 관리인을 강남의 룸살롱에 데려가 술을 먹이고, 본인이 들어올 새로운 임차인에게 받은 가게 권리금의 일부를 관리인에게 주면서 짜 놓은 계획이었다.

비슷한 경우로 내 건물 중 고시텔을 운영하는 임차인

의 임대차계약 기간이 얼마 남지 않았을 때였다. 나는 관리인으로부터 그 사장님이 임대료를 같은 조건으로 새로운 임차인에게 승계해줄 것을 요청한다고 보고받았다. 임대보증금과 매월 임대료 등의 변동이 없는 임대차의 승계이므로, 난 아무 생각 없이 건물 관리인과 신구 임차인분들을 사무실로 오시라 하여 새로이 들어올 임차인과 임대차계약서를 작성했다. 임대차계약을 마무리하고 임차인들을 보낸 후 갑자기 내 건물 관리인이 나에게 현금으로 500만 원을 보여주었다.

난 이게 무엇이냐고 물었고 그는 기존의 임차인이 권리금을 1억 원 받았는데 권리 승계를 도와주어서 고맙다면서 수고비로 건물 관리인 본인에게 준 돈이라 하였다. 내가 건물의 관리에 대한 모든 상황을 반드시 보고하라고 해서 솔직히 이야기하는 것이라고 했다. 나는 황당했다. 관리인이 일을 하고 수수료를 받는 것은 좋지만 그래도 그러한 상황을 임대차계약이 끝나고 이야기하지 말고, 신규 임차인의 계약 전에 나에게 이야기를 해주었어야 하지 않나? 그래야 내가 임대차 조건을 참고하여 수정할 수 있기 때문이다.

나는 "알았다. 이 돈은 당신이 받은 돈이니까 알아서 해라. 그런데 다음부터는 꼭 돈을 받기 전에 미리 나에게 이야기해달라"고 하며 그를 돌려보냈다.

12. 건물을 구입할 때 내가 향후 매각할 가격을 정한 후 그 금액까지 기다려라

주식은 단기 매매차익을 노릴 수 있고, 가격이 떨어지면 물타기도 할 수 있다. 하지만 건물은 보통 한번 사면 최소 몇 년을 기다려야 매각이 이루어질 수밖에 없는 비유동성 자산이다.

그래서 나는 건물을 구입할 때 내가 예상한 임대료의 가격을 정하고, 내가 소유하고 있는 기간 동안 그 임대료를 현실화시키기 위해서 노력한다. 그리고 건물 구입 시 내가 예상한 향후 임대가를 기준으로 매각할 금액을 미리 확정해둔다. 그리고 나서 낚시를 하듯 때를 기다린다.

내가 예상했던 건물의 매매가격에 도달할 때까지 묵묵히 임대가를 맞추며 건물 관리를 해 나가다 보면 어느 순간 그 가격에 맞추어 매수 제안이 들어온다. 그때는 욕심내지 않고 팔아 버린다. 내가 예상한 수익이 실현되었기 때문이다.

성격이 급하고 귀가 얇은 분들은 주변의 이야기에 따라가기 쉬운데, 이런 분들일수록 주식 투자보다는 부동산 투자가 적합하다고 보는 이유다. 부동산 투자는 건물을 구입하고 관리하며 매각이 이루어질 때까지 본인이 원칙이나 계획을 정하고 이를 기준으로 행동해야 하기 때문이다.

주식이나 펀드는 현금화가 쉽다. 무엇보다 시장 상황이 요동치면 나의 원칙 또한 흔들리기 쉽다. 그러나 부동산 투자는 단위가 달라 현금화하기도 어렵다. 원칙만 지킨다면, 손을 놓고 기다리면 된다.

5장

다열어 부동산 중개법인을 만들다

앞에서 언급한 바와 같이 초창기 건물 구입 시만 해도 나의 자금 동원 능력이나 은행의 신용도는 높지 않았다. 때문에, 첫 번째에서 세 번째 건물을 구입할 때까지는 내 회계사무소의 거래처 사장님들과 공동투자를 하면서 움직였다. 세 번째 건물을 구입한 후 네 번째 건물 구입을 준비하면서 생각해 보았다.

"아니, 내가 좋은 건물을 찾아서 매매가격을 조정해 주고, 은행 대출도 확인해서 건물을 구입한 후 건물의 임대나 세무나 회계 및 관리까지 전부 해서 매각까지 만들었는데 내가 언제까지 그분들에게 맞춰야 하는지…"

그 무렵 내게는 어느 정도의 자금 동원력도 생겼고 은행의 신용도도 높아져 있었다. 나는 굳이 나이 지긋한 내 회계사무소의 고객들의 비위를 맞추며 돈을 벌고 싶지는 않았던 것이다. 그리고 반대로 나의 신용도가 이미 월등히 좋은데 굳이 나보다 신용도나 자금 동원력이 낮은 젊고 어린 초보 투자자들과도 같이 갈 필요가 없었다.

그래서 이후 앞의 3장에서 언급한 바와 같이 나 혼자 건물을 구입하고 건물을 새로 지으며 재산을 늘려 갔다. 그 방법은 이 책 4장에서 자세히 다루었다.

하지만 그렇게 해서는 60대에 1조의 자산을 만들어 현대나 삼성같은 대기업처럼 일가를 이룰 방법이 없었고, 단지 돈있고 시간 많은 늙은 임대업자로 남은 생을 살아가며 인생을 마무리할 수밖에 없다는 생각이 들었다. 나는 임대업자의 제로섬 게임이 아닌 윈윈 게임을 하고 싶었던 것이다.

내가 늦은 나이에 영어 MBA를 준비하고 부동산 중개사 자격을 취득한 이유도 다시 초심으로 돌아가고 싶었기 때문이었다.

나는 우리 회사 조직의 자본으로 해외에 부동산을 투자하여 취득하고 싶었다. 금융에 미래에셋이 있다면 나는 부동산에서 그와 비슷한 것을 만들고 싶었다. 최근 블록체인을 기반으로 한 토큰 증권이 입법을 추진하고 있는 것도 나에게는 커다란 자극이 되었다. 그래서 다열어 부동산 중개법인을 만들었다.

내가 신용을 잃지 않아서, 나의 생각과 행동이 특이해서 나를 좋아해주고 서로 마음이 맞는 신뢰성있는 10여 명 정도와 투자모임을 만들 것이다. 그리고 매월 한 번 정도 내 사무실에서 부동산 건물의 투자 브리핑과 이에 대한 상호 간 토론을 하는 부동산 투자 모임을 시작할 것이다. 내가 만든 법인의 주식을 액면가로 해서 1인당 100만 원 정도 투자함으로써 다열어 법인의 주주로 공동의 목표에 대한 도원결의를 맺고 파트너를 맹세할 것이다.

굳이 많은 대중들의 투자를 받지 않더라도, 금융감독원이나 제도권의 제한을 받지 않는 순수 프라이빗Private 투자모임으로 시작할 생각이다. 매월 우리의 투자설명회에서 매물로 제시된 빌딩의 수익구조와 향후 임대 예정가, 매각가 등을 격렬히 토론하고 만약 투자 물건으로 괜찮다는 결론이 나면 투자자들이 투자할지 안 할지는 본인 스스로 결정할 것이며 난 반드시 1~2억이든 지분의 20~30%든 실투자를 할 것이다.

만약 100억 원 빌딩을 다열어 투자모임에서 구입할 것을 결정한 후, 대출금액이 80억 원으로 확정되고 보증금이 5억 원이라면 실 투자금액은 15억이므로, 우리 투자모임에서 나를 포함한 3명이 투자하기로 결정했다면 각자 5억 원씩 준비한 후 개인으로 1/3씩 투자할지, 법인을 만들어 주주 형식으로 1/3씩 지분투자를 할지의 투자 주체를 결정할 것이다.

매입에 대한 부동산 중개수수료는 현금으로 받지 않고 그 수수료만큼을 구입하는 빌딩의 지분으로 받을 것이다. 예를 들어 100억 원 건물에 대출을 빼고 5억씩, 모임의 회원 중 투자자 3명이 투자해서 건물을 구입했을 때 중개수수료가 1억 원이라면, 투자자 각자의 지분은 투자자 3명은 5/16인 31.25%가 될 것이고 다열어 중개법인은 1/16인 6.25%가 된다.

구입 후 건물의 이름은 다열어 1호 빌딩이 될 것이다. 건물 구입 시에 향후 매각금액이 150억 원으로 정해졌다면 투자자들은 공증을 받아 건물 매매가격이 150억 원이 넘으면 매각한다는 동의를 받을 것이다. 그리고 매각 전 본인의 지분을 어쩔 수 없이 매각한다면 기존의 남은 투자자에게 취득 시의 가격으로 매도해야 한다는 규정도 투자 전 확인 받아 놓을 것이다. 이러한 다열어 1호 빌딩이 성공한다면 이후 2호나 3호로 움직이기는 쉬울 것이다.

이것이 현재 내가 생각하는 대략의 내 부동산 투자

의 수익모델이지만, 향후 진행하는 과정에서 시행착오를 겪으며 수정해야 하는 사항도 많을 것이라고 본다. 하지만 난 일단 시작해야만 전진할 수 있다고 생각한다.

6장

1,000억 원대 부로 이끈 투자의 원칙

돈은 사람이 벌어다 준다

누구에게나 실탄은 한정적이다. 부자들도 가진 돈이 무한대가 아니다. 내가 가용할 돈이 한정적인 관계로 항상 효율성을 생각해야 하는 것이다.

아무리 투자의 수익모델이 좋아도 돈은 사람이 벌어다 준다는 것을 명심하기 바란다. 수익성 좋은 비즈니스 모델이 만들어졌더라도 결국 그 비즈니스를 시작하고 만들어 가는 것은 사람이다. 전쟁에서 최신 전투기가 하늘을 장악하는 것처럼 보여도 사람인 육군이 그 지역을 점령하여 깃발을 꽂아야 승리하는 것처럼 말이다.

내 수익모델인 비즈니스가 사람들 간의 관계이고, 그 사람들을 통하여 수익이 발생한다면, 어떻게 내가 가진 유한한 실탄으로 그들을 내 사람으로 만들어 지원을 받을까?

우리가 지인에게 식사를 청하여 상대방의 시간을 나에게 소비하도록 만들었다면, 그 사람이 나에게 주었던 소중한 시간을 그 사람의 기억에 남도록 각인시켜야 할 것이다.

그래서 짜장면을 그 사람에게 몇 번 사줄 바에는, 비싼 고깃집에서 투플러스 최고급 한우를 사주라고 말하고 싶다. 짜장면 몇 번 먹을 값을 아껴서 한 번에 크게 대접하라는 이야기다.

굳이 나와 그 사람의 소중한 시간을 여러 번 나누어 쓰지말고, 한번 임팩트있고 강력하게 내 시간과 돈을 사용해라. 그러면 상대방에게 나는 짜장면 몇 번 먹어서 그의 시간을 낭비했던 것보다 강한 인상으로 남을 것이다.

짜장면 몇 번 살 돈과 시간을 한 번의 기회에 모두 쏟아부으라는 이야기다. 이러한 행동이 쌓이면 주위에서는 나를 이렇게 인식하게 된다.

'아! 저 사람은 쉽게 움직이지는 않는다. 하지만 한번 움직이면 강력한 힘으로 그 상황을 정리해준다.'

주변으로부터 이러한 평판에 익숙해지면 앞으로 비즈니스를 하기에도 월등히 유리할 것이다.

남이 그려 놓은 그림을 따라 그리지 말자

남이 그리는 그림을 따라 그리는 것은 쉽다. 그렇다고 해도 그들 이상의 성과를 내기는 어렵다. 쉬운 길을 가지 말아라.

우리는 어렸을 때부터 공부를 열심히 해서 좋은 대학을 가고 학점 관리를 잘해서 누구나 부러워하는 대기업이나 조직에 취업해 안정적인 삶을 살아가라고 배운다. 그런데 모두가 그런 삶을 살아갈 수 없다. 각자의 특성과 개성이 있고, 무한 경쟁 속에서 모두가 합격선을 통과하는 것은 아니기 때문이다.

그 합격선을 남과 경쟁해서 통과했다고 하자. 그리고 20세기에 만들어 놓은 사회적 기준인 20대 후반에 사회에 취업해서 결혼하고 열심히 직장에서 일하며 국민연금과 퇴직 연금을 부으며 60살까지 직장에서 일하다 은퇴해 받은 퇴직금과 연금으로 남은 20~30년의 삶을 살아가라는 규범을 따르며 살아간다고 보자.

남이 그린 기준에서 벗어나 나만의 인생 그림을 그려야 하는 이유는 아무리 열심히 일해도 대부분은 40~50대에 조직 밖으로 튕겨 나와 사회의 허허벌판에 혼자 설 수밖에 없는 경우를 맞닥트리기 때문이다.

조직이나 기업에서 꾸준히 살아남아 50대 후반에 퇴직을 하더라도 나에게 남은 생은 아직 30년 정도 있는 것이다. 남은 30년을 퇴직금을 아껴 쓰며 국민연금이나 퇴직연금으로 자식들 눈치 보며 살아갈 것인가? 30년이란 시간은 내가 학교를 졸업하고 직장생활을 시작한 후 퇴직할 때까지의 기간보다도 길 수 있다.

이제는 인생을 학교를 졸업하고 나의 적성과 상관없이 주변의 권유로 익힌 학문으로 직장에 들어가 사회생활을 하는 인생 1모작 30년과, 그동안의 사회경험을 통해 발견한 본인의 적성에 맞는 일이나 취미를 찾아가며 자기성찰을 하는 인생 2모작 30년의 두 가지로 나누어야 한다고 본다.

내가 지금 55살이라면 50살을 인생 이모작의 시작인 20살로 보고 내 나이를 25살로 생각하며 20대 청춘의 열정으로 인생 2모작을 살아가길 바란다.

이를 위해 타인이나 사회에서 정한 기준에 따르기보다는 자기만의 그림을 그려가기를 바란다.

내가 지배하는 게임을 하자

투자나 회수 등 돈을 만들어 내는 모든 의사결정에 직접 참여하고, 이에 대한 의사 결정권을 유지하라. 남이 나를 위해 수익을 만들어 줄 것을 기대하며 주도권을 놓지 말아야한다.

그래야만 만약 투자나 사업에 실패하더라도 배우는 것이 있고 이를 통해 경험을 쌓는다. 제일 바보 같은 것이 본인 돈의 통제권을 남에게 주고 그가 수익을 가져다주기를 기다리는 것이다.

좋은 자리에 있을 때 투자하자

남이 부러워하는 조직이나 직장에 있는 분들 중에서, "난 현재의 조직에 있을 때는 일을 열심히 하다가 은퇴하거나 조직을 떠나면, 그때 퇴직금이나 모아둔 종잣돈을 가지고 부동산에 투자해서 남은 여생을 편하게 살아야지"라고 생각하는 분들이 많다. 부동산 투자에서는 정말 바보 같은 생각이다.

수익용 빌딩을 은행 대출을 일으키지 않고 모두 본인의 자기자본으로 투자하겠다면 할 말이 없다. 그런데 부동산은 투자금액이 크고 임대 수입에 대한 경비가 필수적인 관계로 대부분 은행권의 차입(대출)을 포함해 구입이 이루어진다.

정말 마음에 드는 물건을 만났는데 내가 소유한 자기자본이 부족하다면 당연히 은행 대출을 일으켜야 한다. 은행 대출에서는 차주(투자자)가 취득하는 물건(빌딩)의 담보가치도 중요하지만, 차주의 현재 소득이나 신용도를 같이 평가하여 대출 가능 금액과 대출금의 이자율이 결정된다.

최우량 기업이나 안정적인 조직에서 근무하고 있는 차주(차입자)는 당연히 높은 등급을 받고, 더 많은 대출 가능액과 우대금리를 적용한 더 낮은 대출이자율을 산정받는다. 그런데 그가 그 기업이나 조직을 떠난다면 과연 이러한 우대서비스를 은행에서 받을 수 있을까?

이것이 당신이 현재 안정적인 직장이나 조직에서 일하고 있다면, 일하는 동안에 부동산 투자를 해야 하는 이유다.

상대방에게 이익이 되는 길을 찾자

앞에서 언급한 바와 같이 돈은 최종적으로 사람들이 나에게 벌어다 주는 것이다. 사람들을 만날 때 나의 이익만을 생각하고 인간관계를 형성해 간다면 그들이 만나줄까?

한두 번은 탐색전 차원에서 만나줄지 모르지만, 본인의 이익만을 위해 살아가는 사람이라는 인상을 주면 그는 나와의 만남을 피할 것이다.

보험이나 자동차 영업사원이 실패하는 이유는 먼저 지인이나 친척을 찾아가 본인의 이익만을 위한 영업을 하기 때문이다. 내가 만약 영업을 한다면, 지인을 찾아가 내 이익만을 위해 영업을 하는 것이 아니라, 내가 전혀 모르는 제 3자를 찾아가 그들에게 이익이 되는 것이 무엇인지를 먼저 파악하고 그 이익과 나의 이익이 서로 윈윈할 수 있는 접점을 찾아 영업을 시작할 것이다.

상대방에게 도움도 되고 나에게도 도움이 되는 윈윈 게임의 방법이 존재하지 않는다면 그 사람을 만날 필요가 없다. 그건 내가 그 사람에게 일방적으로 구걸하는 것에 지나지 않기 때문이다.

그러니 항상 내가 상대방에게 도움을 줄 수 있는 게 무엇인지를 먼저 파악해야 한다. 만약 내가 현재 상대방과 윈윈할 방법을 찾기가 어렵다면, 그 방법이 있는지 찾아보도록 노력해보자. 그 과정에서 투자나 사업의 비즈니스 아이디어가 나온다.

본인이 알고 경험했던 분야에 집중 투자하자

본인이 부동산에 투자해서 돈을 벌었는데 스스로 잘 알지도 못하는 주식이나 코인 등 잘 모르는 분야인 다른 전문가들의 영역에 투자해서 돈을 날리는 경우를 많이 보았다. 내가 잘 알고 경험했던 분야가 있다면 여기서 더욱 성공할 방법을 찾아가야지, 굳이 수업료를 지불해야 하는 타인의 분야에 뛰어들 필요가 없다고 본다.

하나 더, 조직이나 직장에서 업무를 하다 보면 불편하고 바꾸었으면 하는 부분들이 있을 것이다. 혹은 "왜 이런 서비스가 제공되지 않지?"라며 의문점이 드는 포인트가 있을 것이다. 바로 그 부분이 돈이 되는 것이고 사업을 성공시킬 수 있는 문이 된다고 생각해 보기를 바란다.

본인이 잘 알고 있는 가까운 데서 우선 시작해 보는 것이다.

경험하지 않은 사람의 말은 믿지 말자

자기계발서나 투자 관련 서적 중 상당수가 그 분야의 실전 경험도 없는데 몇 명과 미팅을 가졌거나 설문조사를 한 것을 바탕으로 쓰였다. 가소로울 뿐이다. 아이들이 학교에서 보고 들은 것을 집에 돌아와 부모에게 이야기하는 것과 같다고 생각한다.

말이나 풍문은 항상 부풀려지고 단계를 거칠수록 진실에서 멀어진다. 제발 부동산이나 다른 자산을 투자자 입장에서 제대로 거래해보지도 않은 채, 옆에서 귀동냥으로 들은 얕은 지식을 바탕으로 옆집 부동산에서 거래했던 자료를 짜맞춰 만든 서적은 보지 말기를 바란다.

본인이 수업료를 지불한 분야에서 계속 노력하면 반드시 성공한다고 믿자

대부분의 실패자들은 성공할 때까지 계속해서 시도해 보지 않고 중도에 포기하는 사람들이다.

나도 젊었을 때 고시를 했고 합격을 했지만, 지나고 보면 몇 년이 지나도 그 공부를 포기하지 않고 공부했던 분들은 나중에 모두 합격을 했다.

지금 방향이 맞는데 힘들고 어렵다고 해서 방향을 튼다든지 멈추는 것이 아니라, 맞는 방향이면 가야 하는 것이 제일 중요하다.

나와 마주하는 시간을 가지자

나와 마주하는 시간을 가진다고 해서 방석을 깔고 가부좌를 튼 후 명상에 잠기라는 것은 아니다. 일주일에

2~3번 정도는 아침 일찍 일어나 업무 전에 아침 운동을 한다든지, 점심시간이나 퇴근 후에 혼자 산책하며 현재의 내 위치나 업무의 어려움 등에 대해 사색하는 시간을 가지라는 것이다.

사람들과 어울려 정신없이 지내다 보면 바로 앞의 벽을 보고 길이 없다고 생각하며 힘들어할 수 있다.

그런데 이렇게 혼자 아침 운동이나 산책을 하며 사색의 시간을 갖는다면, 눈앞에 존재하던 벽이 그리 크지 않다는 것을 알게된다. 어느 순간 옆으로 걸어갈 수 있는 길이 보일 것이다. 그러한 시간은 나에게 살아가는 힘과 에너지를 준다.

수익용 부동산 투자로
후손들에게도 고기 잡는 법을 전수해 주자

투자자인 아버지 입장에서 100억 원짜리 빌딩을 구

입한다고 생각해 보자. 신용도 좋은 아버지는 구입할 부동산을 담보로 85%까지 은행 대출을 받을 수 있다고 가정할 때, 구입할 경우 임대보증금은 5억 원이고 이전 비용을 고려하지 않는다면 실투자 금액은

100억 원(매매가격) - 85억 원(은행대출) - 5억원(임대보증금) =10억 원이 된다.

아버지에게 아들이 하나 있다고 가정하자. 실투자 금액 10억 원 중 5억 원을 아들에게 증여한다면, 자녀 1인당 증여세 인적공제는 현재 5천만 원이고 5억 원까지 증여세율은 20%이며 5억 원까지 증여세 누진공제액이 일천만 원이다. 따라서 자녀 한 명에게 5억 원을 증여해줄 때 발생하는 증여세는 다음과 같다.

(5억 원(증여액) - 5천만 원(증여세 1인당 인적공제)) × 20% - 일천만 원(누진공제액) = 증여세액 8천만 원이다.

즉, 5억 원을 증여해 8천만 원(80,000,000원)의 증여세를 납부하면 아들에게 준 5억 원(500,000,000원)의 자금 출처는 확보되는 것이다.

아버지가 100억 원의 건물을 구입하면서 5억 원을 아들에게 증여하고 증여세 8천만 원을 추가 납부하면 아버지와 아들은 100억 원짜리 건물의 50%씩 지분을 나누어 가지게 된다.

이후 건물을 구입한 다음에 발생하는 임대소득으로 대출금 85억 원을 상환해 나가기 시작하면, 아들의 임대소득은 세무서에서 향후 소득의 자금출처로 인정받을 수 있어서, 이후 추가적인 재산 구입의 자금출처 소명에도 유리하고 신용도 또한 올라가게 되는 것이다.

건물에서 발생하는 임대소득으로 은행 대출을 상환하였다고 가정하면, 아들은 깨끗한 100억 원짜리 건물의 50%를 안정적으로 확보할 수 있으며, 건물의 관리까지 맡긴다면 자녀분이 향후 고기를 잡는 방법(건물의 구입 및 관리 방법)까지 전수할 수 있을 것이다. 아버지가 나이 들어 사망한다면 납부할 상속세 부담도 그만큼 줄어든다.

내 주변의 유능한 부동산 투자자는 아들에게 이렇게 건물을 사주기 위해 증여를 실시할 때 효도증서를 작성하여 변호사의 공증까지 받으셨다. 효도증서에는 아버지가 죽기 전까지는 아버지의 허락 없이 건물을 팔 수 없고(그분은 건물 지분의 80%를 아들에게 증여하고 본인 지분은 20%임) 한 달에 두 번은 부모님 댁에 방문하여 식사를 같이하며 매일 안부 전화를 해야 한다는 조항도 있다. 물론 아버님이 돌아가시면 아버님 지분 모두를 상속 시 아들에게 물려준다는 조항도 있다. 만약 그가 이러한 효도증서의 조항들을 어길 때는 증여한 지분을 회수한다는 조항이 마지막에 있으며, 아버님과 아들이 효도 증서에 공동 서명하여 변호사 공증을 받으셨다.

세무회계 전문가 입장에서 상속과 증여 준비는 **빠를**수록 좋다고 본다. 준비 없이 맞이하는 상속은 본인이 어렵게 만들어 놓은 재산을 공중분해 시키고 남은 가족들에게는 분란을 일으킬 수 있기 때문이다.

내가 싫어하는 것에 시간과 에너지를 쏟지 마라

사람들 각각이 가진 힘(에너지)과 시간은 유한하다. 한정된 나의 에너지와 시간을 굳이 내가 싫어하는 일을 남의 눈치를 보면서 체면 때문에 할 필요는 없다.

주변의 시선을 의식하고 상대방에게 어떻게 보일까를 고민하면서 내가 하기 싫은 일을 어쩔 수 없이 하느라 인생을 낭비하지는 말았으면 한다. 어차피 주변 사람들은 당신이 생각하는 것만큼 당신을 의식하지 않고 있다.

나중에 후회가 없으려면, 내 유한한 자원을 내가 하고 싶은 일, 만나고 싶은 사람에게 사용하기를 권한다.

너무나 많은 사람들이 나를 만나기를 원하고 나랑 미팅하기를 원한다. 내가 만나고 싶은 사람보다 나를 만나고 싶어하는 사람이 더 많은 것이다. 하지만 그걸 다 맞춰가기에는 내 인생이 너무 짧다. 부를 이루고 경제적, 시간적 자유를 얻게 된 나는 내가 약속하기 싫으면 안 하고, 내가 만나기 싫은 사람은 안 만나는 삶을 산다.

그래서 나는 가급적 뒤를 돌아보지 않으려 한다. 앞으로 만나야 할 더 많은 사람들이 있기 때문에.

인생을 한 편의 영화라 생각하자

내가 선택해서 태어난 삶은 아니지만 내가 살아가는 길과 방법은 스스로 선택할 수 있다.

하늘에서 카메라가 돌아간다고 생각하고 난 내 인생의 작가이고 연출자이자 주인공이라고 생각하며 인생이라는 한편의 영화를 제작해가는 과정을 즐기기를 바란다.

내가 주인공이며 연출과 각본을 쓰는데, 나는 너무 빨리 영화의 엔딩 장면이 나오며 내 인생의 영화를 끝내고 싶지 않다. 그러기에는 아직 쓰지 못한 각본과 연출 장면이 많이 남아있다.

만약에 내가 다 팔아버리고 엑싯Exit을 한다면 어떨까? 전 재산을 아내에게 주고 100억만 내 통장에 넣어놓고 평생 죽을 때까지 해외여행을 가거나 골프를 치러 다닌다면 김형민이라는 사람의 영화는 끝난 것과 다름없다. 더는 영화를 찍을 이유가 없어지는 것이다.

나는 앞으로 10년 동안 부동산 투자를 더 해서 내가 생각했던 엔딩이라고 생각되면 그때 비로소 영화를 내릴 생각이다. 그 다음부터는 다른 걸 찾을거다. 만약 정상적인 사람이라면 사회에 다시 환원할 방법을 찾는 것 같다. 사업이나 비즈니스에 열망이 있는 사람은 계속 사업을 성장시켜 나가는 게 꿈일 것이다. 그런 게 남성성이고 야성이라고 생각한다.

| 에필로그 Epilogue 1 |

운에 대하여

호랑이를 그리려고 해야 고양이라도 그릴 것 아닌가?

꿈이 없으면 계획이 없고 실천 또한 없으므로 그 꿈은 공상이 된다.

사업에 성공하고 돈을 잘 버는 사람들에게 "어떻게 성공하셨어요"라고 물어보면 "운이 좋았다"고 답한다.

물론, 나도 운이 좋았다. 운을 성공으로 변화시키려면 실행이 필요하다. 운은 확률이다. 복권에 당첨되는 것은 운이고 복권을 사서 당첨되는 것은 확률이다. 로또 1등에 당첨되는 것은 수십만분의 1, 아니 수백만분의 1의 확률일 것이다.

성공한 자는 이 확률을 점점 줄여 나간다.

아무리 성공의 길이 보여도 운이 나에게 오지 않으면 성공할 수 없다. 그 운을 좋게 하기 위해서 내가 누구보다도 잘 아는 분야에 접근해서 확률을 줄여나가기 시작하는 것이다.

감나무 아래 입을 벌리고 기다리는 것은 운이나 확률

이 아니다. 돈을 벌려면 지금 당장 액션을 취해야 한다. 때문에 성공한 자는 목 좋은 곳에 그물이나 낚시를 던져놓고 기다린다.

| 에필로그Epilogue 2 |

원고를 마감하는 날

밤에 잠이 들려고 침대에 누울 때 다음 날 아침이 기다려지지 않는가?

다음날 해야 할 일을 상상하며 설렘과 기대를 갖고 빨리 아침이 오기를 바라지 않는가?

아침 일찍 일어나 출근 준비를 하고 운동을 가면서

그날이나 그 주에 내가 해야 할 일을 그려보면 가슴이 벅차고 설레지 않은가?

나는 아직도 밤에 잠자리에 들 때 빨리 아침이 오기를 기다린다.

새롭게 또 다른 하루를 시작할 수 있기 때문이다.

오늘은 나와 약속한 원고를 마감하는 날이다.

평소처럼 아침 6시에 일어나 냉장고에서 요거트 하나를 꺼내 먹고, 어젯밤 스타일러에 준비해 놓은 옷을 꺼내 입는다.

가방을 들고 지하 주차장으로 내려가 내 빨간색 페라리를 타고 아침 운동을 위해 장충동 신라호텔로 출발한다.

새벽에 일어나 아침 운동을 위한 준비를 하면서 하루를 시작할 때의 그 상쾌한 느낌이 너무 좋다.

나에게 에너지를 주면서, 내가 아직 살아있음을 느끼기 때문이다.

호텔 정문 로비에서 발렛을 받는 직원의 아침 인사를 받으며 3층 피트니스 센터로 들어간다.

오전 7시부터 한 시간을 내 트레이너와 아침 운동을 한 뒤, 30분 정도 러닝머신을 뛰고 사우나에 들어간다.

아침 운동 후의 사우나는 내 몸의 모든 불순물을 씻어주는 개운함을 선사한다.

사우나 후 얼음을 많이 넣은 아이스 아메리카노와 빵을 픽업해 가벼운 발걸음으로 호텔 1층 로비 정문으로 간다. 그리고 호텔 앞에 준비된 내 페라리를 몰고 강변북로를 탄다.

봄날의 햇살이 차안에 드리우는 강변북로의 아침, 음악을 들으면서 강남의 아파트와 건물을 바라보면 세상이 아름답다고 느낀다.

남은 내 인생의 여유분을 생각한다.

내 주변의 모든 이들이 행복했으면 좋겠다!

사무실 책상 앞에 도착해 음악을 들으며 이 책의 원고를 마감한다.

99보다 1

1판 1쇄 발행 2023년 5월 21일

지은이 김형민
발행인 함초롬
발행처 도서출판 열아홉
디자인 *papergum*
종이 월드페이퍼
인쇄 상지사

주소 서울시 영등포구 국회대로74길 20, 맨하탄21 501호
이메일 nineteenbooks19@gmail.com

ISBN 979-11-982845-9-4(13320)

이 책은 저작권법에 따라 보호를 받는 저작물이므로 무단전제와 복제를 금하며,
이 책 내용의 전부 또는 일부를 사용하려면 반드시 저작권자와 열아홉 출판사의
서면 동의를 받아야 합니다.

잘못되거나 파손된 책은 구입하신 서점에서 교환해드립니다.
책값은 뒤표지에 있습니다.